유라시아를 향한 한국의 도전

유라시아 정책의 현주소와 미래비전

한국 유라시아 정책의
현주소와 미래비전

유라시아를 향한
한국의 도전

엮은이 · **사단법인 유라시아21**

지은이 · **신범식 장세호 백주현 최재덕 성원용 서동주 권원순
이태림 이대식 백동화 김익준 이백희 이선영**

도서출판 이조

유라시아 21

발간사

작년부터 코로나19로 인해 주요 행사를 온라인으로 대체하거나 생략하여 많은 아쉬움이 남았습니다. 그 부족함을 조금이나마 메워 보고자 금년 7월, 8월, 9월 등 총 3차례에 걸쳐 온라인으로 개최되었던 유라시아 정책세미나 발표문을 정리하여 한 권의 책으로 발간하게 되었습니다.

사단법인 유라시아21에서 매년 1회 개최하던 유라시아 정책세미나를 2021년 금년에는 〈한국 유라시아 정책의 현주소와 미래비전〉이라는 대주제로 3회에 걸쳐 진행되었습니다. 7월 세미나에서 '전략'을 짜고, 8월 세미나에서 '정책'을 수립하였으며, 마지막 9월 세미나에서는 '실질협력'을 도모하자는 조직적이고 짜임새 있는 세미나를 개최하였고, 많은 분들께서 관심과 격려로 지켜봐 주셨습니다.

현재 이슈화되고 있고 실질적 협력에 간과할 수 없는 주제를 선별해 3회에 걸친 세미나 프로그램을 구성하였고 이를 책으로 발간하여 더 많은 분들과 이 내용을 공유할 수 있다는 것은 참으로 경사스럽고 축하할 일입니다.

집필진들 모두 정치, 외교, 법률, 경제, 문화 등 이 분야에서 현장경험과 이론을 모두 겸비한, 유라시아 국가에 대한 독보적인 출중한 전문가들로 구성되어 있다는 것은 이번 발간되는 책이 얼마나 중요한 것이며 주목하여 정독해야 하는 이유이기도 합니다.

집필진 모두 뜻을 모아 바쁘신 중에도 발표 자료를 다듬고 보완하여 이 책이 발간될 수 있도록 협조해 주신 것은 이 작업이 얼마나 중요한 것인가에 대해 모두 공감했다는 뜻이겠지요.

원고 구성이 세미나라는 행사의 발표문에서 정리한 것이기에 세미나의 특성상 시간적 제약으로 이 밖의 더 많은 주제를 다루지 못한 아쉬움이 있지만 (사)유라시아21의 대 유라시아 정책에 대하여 긍정적 미래를 지향하고자 하는 주제에 대한 토론과 제안은 앞으로도 지속될 것입니다.

(사)유라시아21은 시대적 흐름에 따른 유라시아 국가들과 한반도의 관계, 상황 및 과제를 되도록 가장 현실성 있고 신속하게 파악하고 제언하는 역할에 충실하려고 노력하고 있습니다. 이와 같은 크고 작은 활동이 작은 파장이 되고 부디 긍정적인 반향을 일으켜 좀 더 큰 물결을 이루고 나아가 언젠가는 유라시아를 터전으로 종사하는 학자, 문화인, 경제인, 정치인 등 유라시아 전문가들에게 꼭 필요한 없어서는 안 되는 존재가 되길 기대합니다.

이와 같은 꾸준한 움직임에 대해 당장은 가시적 결과물이 보이지 않겠지만 더 많은 세월이 흐르면 축적된 그동안의 크고 작은 활동들이 좋은 결실로 우리의 미래에 기다리고 있을 것이라 확신합니다. 이번 발간된 책자 〈유라시아를 향한 한국의 도전〉도 내일의 달콤하고 튼실한 과육을 맺게 하기 위한 밑거름의 역할을 하고 있는 것입니다.

이렇듯 미래에 대한 기대는 희망이며 행복입니다. 코로나 또는 그 어떤 어려움으로 현재가 불편하고 고단하더라도 이렇게 노력하는 우리들에게는 미래가 있고 거기에는 새로운 희망의 빛이 비춰질 것입니다. "과거를 추억하고 현재를 살며 미래를 희망하라"는 말이 있습니다. 우리의 찬란한 미래를 희망합시다.

2021년 끝자락에서 한 권의 책 발간이라는 큰 열매를 선물 받을 수 있게 해 주신 모든 필자 분들께 진심으로 감사드립니다.

여러분 모두의 건승을 바랍니다.

2021년 가을 석성산 낙엽을 뒤로하며
유라시아21 이사장
김승동

유라시아 21

축사

문재인 정부의 신북방정책은 현재 진행형이다. '9개 다리 프로젝트'는 어느 것도 단기간에 마무리될 수 없다. 이 정책을 총괄하는 대통령 직속의 북방경제협력위원회가 직면한 한계요, 고민이다. 우리의 북방정책은 노태우 정부 이후 지속해 온 미완의 대외정책이다. 역대 정부는 이름만 달랐지 모두 북방을 염두에 둔 외교정책을 펼쳤다. 북방정책이 어느 한 정권의 전유물일 수 없는 이유다. 왜?

첫째, 지정학적 측면이다. 동서로는 실크로드를 따라 지구의 반을 가른다. 중앙아지역은 우리 동포의 삶의 애환을 고스란히 간직하고 있다. 무엇보다도 K-산업화, K-민주화, K-디지털화의 노하우를 갈망하는 민족과 국가들이다. 그러나 남북으로는 대륙과 단절된 섬나라다. 북한을 극복하지 않고서는 북방대륙과 북극점에 이를 수 없다.

둘째, 역사·문화적 측면이다. 북방은 단군 고조선에서 고구려, 발해, 고려가 번성했던 한민족의 고토다. 풍부한 역사와 문화유산을 갖고 있다. 전통적인 국경개념에 연연할 필요가 없다. 가상화폐가 보편화되는 21세기에 가상영토도 부상하는 대안이다.

셋째, 군사·안보적 측면이다. 남태평양의 미중경쟁에 눈이 팔려서 정작 북태평양의 미러, 러일, 중일 간 각축전은 못보고 있다. 2018년 9월 '동방-2018'군사훈련은 소련 당시에도 없었던 대규모 연합훈련이었다. 미러 간에는 북극의 군사주도권을 놓고, 러일 간에는 쿠릴열도 반환 문제를 놓고 각축 중이다.

넷째, 경제·산업적 측면이다. 온실가스 감축과 그린재생에너지 확대는 인류 공동의 과제다. 우리 정부는 2020년 1월 세계 최초로 수소법을 제정하고 12월에 '2050탄소제로'를 선언했다. 러시아는 4개의 소수클러스터를 조성해 2050년까지 전세계 수소시장의 1/3을 장악하겠다는 결기를 보인다. 독일과 일본이 선점을 위해 발빠르게 움직이고 있다.

다섯째, 생태학적 측면이다. 지구온난화로 2만 4천년 간 시베리아 영구동토층에 얼어있던 윤충이 살아나 자손까지 퍼뜨리는 좀비로 돌변한다. 제2의 코로나19 바이러스가 창궐할 수 있다. 또한 NON-GMO 농산물 재배만을 인정하는 러시아의 광활한 농토는 21세기 청정먹거리를 담보할 수 있다.

필자는 지난 10월말 러시아 극동 지역을 돌아보았다. 주목되는 곳은 바로 북중러 접경 하산지역이다. 이곳은 생태의 보고이자, 역사·문화 유적이다. 우리 선조들이 최초로 정착했고 항일투쟁한 성지다. 러시아는 작년 12월 광역두만강개발계획(GTI) 자문회의에서 하산 관광 클러스터를 '서울선언'에 포함시킬 것을 공식 요청했다. 1991년 출범당시 소극적이었던 러시아가 이제 발 벗고 나선 것이다. 현재 표범 국립공원, 발해 염주성 그리고 두만강변 '연꽃호수'가 테마관광 대상이다. 다만 육상과 해상 교통인프라가 열악하다. 또한 항공교통의 사각지대다. 하산에 국제공항 건설이 필요하다. 프랑스, 독일, 스위스 접경 지역의 바젤 공항이 성공 모델이다. 그곳은 타는 목마름으로 투자가를 기다리고 있다. 이 책의 출판이 폭탄투자의 기폭제가 될 수 있기를 희망한다.

2021. 12. 12.
대통령직속 북방경제협력위원회 위원장
박종수

머리말

한국이 북방정책을 추진해 온 지 30여년이 넘었다. 1973년 6.23선언 이후 공산권 국가들에 대한 관계개선의 모색을 천명한 이래 1988년 7.7선언으로 소련, 중국, 동구권 국가들을 비롯하여 북한과의 관계 개선을 본격 시작하면서 북방정책이 시작되었다. 그리고 2010년대 유라시아 이니셔티브 및 신북방정책에 이르기까지 북방외교는 한국 외교의 지속적인 도전이었다.

그동안 적지 않은 성과도 있었다. 이 성과는 국제 환경의 변화에서 오는 조건의 변화에 한국이 유연하고 주체적으로 반응한 결과물이라 이해될 수 있다. 이는 한국 외교에서 자기주도적 외교의 중요한 성공사례로 내세울만하다. 그렇지만 북장을 향한 한국의 이같은 노력은 북방정책 "북한 환원주의"에 의해 발목을 잡히곤 했다. 북한과의 관계 개선이 한국 외교의 중요한 목표이지만, 북방정책 자체가 가지는 가치와 목표들이 북한과의 관계에 의해 영향을 덜 받는 추진 전략이 중요하다.

한편 북방정책과 관련하여 이 정책이 가지는 특수한 성격 때문에 이를 관리하고 동력을 확보하는 조직의 필성이 오래동안 제기되어 왔는데, 2017년 북방경제협력위원가 설치되어 이 역할을 감당하게 되었다. 위원회의 성격 상 이런저런 한계가 있었지만, 유라시아에서 벌어지고 있는 신대륙주의적 동학에 능동적으로 대처하기 위하여 이같은 조직은 지속적으로 필요하며, 관련된 책들이 창조적으로 입안, 추진될 필요가 있다.

현재 진행 중인 미-중 전략경쟁과 코로나19 팬데믹의 도전적 조건 하에서 한국의 북방정책이 효과적으로 추진되기 위하여 기업과 정부의 적절한 협력구조를 구축하는 것이 매우 중요하다. 특히 북방정책이 대상으로 하는 유라시아 대륙의 상황에서는 정부의 적절한 판단과 지원을 배경으로 기업들이 새로운 경제활동 무대를 개척하려는 의지가 필요한데, 한국에서 새롭게 열린 유라시아 공간을 향한 기업들의 도전적이고 창의적인 실질협력의 시도는 향후 한국의 대륙을 향한 꿈을 이뤄줄 동력이 될 것이다.

이런 필요에 부응하기 위하여 (사)유라시아21은 2021년 세 차례의 정책세미나를 개최하여 한국의 유라시아를 향한 도전을 전략, 정책, 실질협력의 모색이란 관점에서 조망하였고, 그 결과물을 책으로 엮게 되었다. 아무쪼록 이 책에 모아진 통찰과 지혜가 한국이 펼치는 유라시아를 향한 도전에 대하여 새로운 전망과 동력을 창출하는 데 조금이라도 기여하게 되기를 기대한다.

이 책의 발간을 위해 애써 주신 (사)유라시아21의 관계자들과 촉박한 일정 가운데 출판을 진행해 준 도서출판 이조 그리고 교정 작업에 수고해 준 오현진 씨에게 깊은 감사를 표한다.

2021년 11월 30일
필진을 대표하여
신범식

차례

발간사	005
축사	009
머리말	012

I부
전략의 모색

1장. 미-중 전략경쟁, 미-중-러 전략적 삼각관계, 그리고 한-러 전략협력
신범식 ·········· 019

2장. 전환기적 국제질서와 러시아의 '전략적 가치'
장세호 ·········· 047

3장. 바이든 시대 미중경쟁과 한국 중앙아시아 협력
백주현 ·········· 063

4장. 러중 전략협력과 유라시아질서의 미래: 한국의 기회와 제약
최재덕 ·········· 077

II부
정책의 모색

5장. 신북방정책의 성과와 과제: 차기 정부를 위한 제언
성원용 · · · · · 097

6장. 한반도 비핵화·평화프로세스와 러시아의 역할
서동주 · · · · · 129

7장. 한-러 경제 협력 거버넌스의 현황과 과제
권원순 · · · · · 143

8장. 한-러 간 전략적 소통의 확대를 위한 과제: 한-러 관계 심화 발전을 위한 본질적 문제를 중심으로
이태림 · · · · · 169

III부
실질협력의 모색

9장. 디지털 무역협정과 한-EAEU 경제협력
이대식 · · · · · 191

10장. 외국인 투자 촉진과 위험 회피를 위한 제도적 과제
백동화 · · · · · 205

11장. 러시아, 중앙아시아 물류, 유통 공동진출 방안
김익준 · · · · · 221

12장. 중앙아시아 ICT 분야 발전전략 및 협력방안
이백희 · · · · · 235

13장. 4차 산업혁명과 한-러 기술협력 유망 분야
이선영 · · · · · 249

저자 소개 · · · · · 266
기관소개 · · · · · 270

I부

전략의
모색

유라시아 21

제1장

미-중 전략경쟁,
미-중-러 전략적 삼각관계,
그리고 한-러 전략협력

신 범 식 | 서울대학교

1. 미-중 전략경쟁과 지구질서

가. 트럼프 행정부와 미국중심 질서의 쇠퇴

2017년 출범한 트럼프 정부는 미국의 재건을 기치로 내걸고 과거 어느 행정부와는 달리 미국의 독자적이며 차별적인 이익을 전면에 내세우는 대외정책 노선을 정초한 것으로 평가된다. 트럼프 행정부는 지구적인 차원에서 TPP와 파리 기후변화를 탈퇴하면서 미국 중심의 노선이 수사에 그치지 않는다는 점을 명확히 하였고, G7 국가들과의 마찰, NATO 내 회원국들의 기여 확대 등을 요구하며 미국과 동맹 간의 관계를 재설정하고자 하였다. 이에 미국 내외의 국제정치학자들은 자유주의 질서가 퇴보하는 것에 대한 우려와 다극질서의 등장에 대한 논의가 부상한 바 있다.[1]

---

1 John Ikenberry, "The end of liberal international order?"*International Affairs*, Volume 94, Issue 1, (January 2018), pp.7-23; John Mearsheimer, "Bound to Fail: The Rise and Fall of the Liberal International Order,"*International Security*, Vol. 43, No. 4 (Spring 2019), pp.7-50; Wendy Sherman, "The Total Destruction of U.S. Foreign Policy Under Trump,"*Foreign Policy*, 2020.07.31.

트럼프 행정부는 각 지역 현안에서도 확산 배치된 미군을 철군하면서 부담을 최소화하려하였다. 2018년 12월 트럼프 대통령은 시리아에서의 미군 철수를 발표하였으며, 2020년 2월 미국은 탈레반과의 평화협상을 체결하였고, 2020년 10월 아브라함협약을 통한 중동 평화의 기반을 구축하기도 하였다. 그러나 미국은 동북아에서 비군사적인 수단을 통하여 중국을 전방위적으로 압박하였고 미-중 전략경쟁이 본격화되어 긴장이 고조되었다. 이와 같은 미국의 정책은 세계 각지에서의 미국의 영향력의 쇠퇴를 수반한 것으로 평가된다.

나. 코로나19와 미-중 전략경쟁의 가속화

중국의 부상이 본격적으로 논의되면서 이에 대한 미국의 정책적 전환이 이루어졌다. 오바마 이후 미국의 아태 재균형 전략을 시작으로 트럼프 시기 가시화된 인도태평양 전략에 의해 본격적인 대중 견제정책이 가속화되었으며, 2019년 6월 1일자 미국의 '인도-태평양 전략 보고서'(Indo-Pacific Strategy Report)에서는 미국의 군사적 준비태세 강화, 동맹 및 파트너십 강화, 역내 경제와 안보 네트워킹 증진에 힘쓸 것을 천명하였다. 인도-태평양이 미국의 최우선의 전장이 되었다.

이에 대하여 중국 역시 미국과의 경쟁 구도를 유지하며 '신형대국관계'개념에 기반을 둔 대외정책을 펼치는 기본 입장을 지속해 오고 있다. 시진핑 2기 정부는 권력 강화를 기반으로 위대한 중화민족의 부흥을 강조하고 2049년 두 개의 백년을 완성하기 위한 국력 신장에 총력을 기울이고 있다. 특히 일대일로 정책을 통해 구체화되고 있는 중국의 서진전략은 유라시아 및 메가아시아를 아우르는 초강대국 중국의 굴기를 위한 핵심 프로젝트로 자리 잡고 있으며, 이에 대한 미국의 우려는 인도-태평양 전략을 통한 견제로 나타나고 있다.

대전략에서 대립을 보이고 있는 것 이외에 미국과 중국은 무역, 기술, 군사 등 다양한 분야에 걸쳐 전략 경쟁을 고도화 하고 있으며, 이런 상황은 코로나19 팬데믹 상황 속에서 더욱 악화되었다. 코로나19는 미국과 중국 모두에게 정치적, 경제적 타격을 주었으며, 팬데믹 발생 이후 트럼프 행정부가 보여준 세계적 위기에 대한 일방주의적 대처는 미국이 기존에 국제정치에서 행하였던 지도적 역할의 축소 및 자유주의 국제질서에 기반한 패권적 리더십의 쇠퇴로 이어졌다.

이에 따라, 아시아 태평양 지역에서 미국의 영향력도 자연스럽게 약화 되었다. 중국 역시 팬데믹 상황 속에서 국제사회에 보건 관련 공공재를 제공하는 등 물질과 힘을 동원하여 미국과의 전략 경쟁에 임하였으나 기존 국제질서의 근본적인 변화를 추동시킬 만큼의 성과를 거두었다고 평가받지는 못하고 있다.[2]

이러한 상황 속에서 2021년 바이든이 미국의 새로운 대통령이 되었다. 바이든 행정부는 기존의 트럼프 행정부 시절과는 다른 대외정책을 전개하고 있는 것으로 보인다. 그는 '동맹 관계 회복과 미국의 국제 리더십 회복'이라는 대외정책적 기조를 바탕으로 아태지역의 일본, 한국, 호주 등 핵심 동맹국과의 관계 증진을 위해 노력하고 있다. 더불어 민주적 가치를 바탕으로 동맹을 회복하는 것을 넘어 그것을 재창조하려 하며, 그 과정에서 파트너 국가들에 공정한 분담 기여를

---

2 EAI, "코로나 이후 아태 지역 질서: 승자없는 미중경쟁, 중견국 연대, 다자주의 해법,"『동아시아연구원』(2020), pp.1-6.

권장하고 있다.[3]

바이든 행정부는 △전통적 동맹국과의 관계복원 △다자외교 활성화 △국제협력 메커니즘 회복을 통한 '미국 리더십의 회복(renewing American Leadership)'이라는 외교·안보 영역의 정책적 기조를 바탕으로 자국의 외교정책을 펼칠 것으로 알려졌다. 접근법에 차이만 있을 뿐, 바이든 행정부의 근본적인 대중 인식은 트럼프 행정부 시기와 크게 다르지 않을 것으로 평가되고 있으며, 실제로 미국에서 발간된 여러 보고서를 살펴보면 미국이 중국을 협력의 대상보다는 경쟁의 대상으로 상정하였다는 사실을 알 수 있다. 그 과정에서 미국은 아시아 태평양과 인도 태평양의 동맹국 및 우호국들을 활용한 공개적인 대중 압박 및 봉쇄 정책을 펼칠 것으로 보인다. 따라서 바이든 행정부 역시 트럼프 시기와 마찬가지로 중국에 대한 강한 태도를 견지할 것이며, 이는 단기간 내에 해소되기 어려울 것으로 전망된다.[4]

다. 미-중 경쟁 구도 속에서의 지역 국가의 대외정책

상술한 전략경쟁이 지속되는 상황은 아시아·유라시아 국가들의 두 거대 세력에 대한 편승 및 균형을 취하는 외교정책에 의해 고착화될 가능성이 있다. 물론 오늘날의 국제사회가 과거의 냉전체제와는 달리 복합적이고 중첩적인 국제네트워크를 형성하고 있다는 점에서 미국 측과 중국 측 세력이 엄격하게 이분화 되어 대립하는 구조를 형성할 것으로 보이지는 않지만, 바이든 행정부가 동맹국과 군사

---

3 김준형 외, 『바이든 행정부의 대외정책과 한반도』 (서울: 민주연구원, 2021), pp.1-196.
4 박병광, 유현정, "美 바이든 행정부의 대중국정책 전망 및 시사점,"『INSS 전략보고』 114 (2021), pp.1-17.

협력 및 경제협력의 강화를 통한 역내 세력의 강화를 모색할 것으로 보이는 상황 속에서 특히 한국과 일본 등 전통적인 미국의 우방국은 일정 수준의 대외정책적 제약을 가질 가능성이 높다.

그러나 아시아·유라시아 지역의 국가들은 수동적인 행위자가 되기보다는 중간국 연대 혹은 중견국 외교 등을 통해 새로운 가치와 규범을 형성하려는 움직임이 나타나고 있다. 예컨대, 한국뿐 아니라 일본 역시 중국과 대결적인 성향을 보임과 동시에 협력 가능성을 모색하는 이중적인 태도를 나타내고 있으며 미-중 간의 대립이 첨예하게 나타나는 동남아시아 지역의 국가들도 인도-일본-한국-호주 등과의 연대를 통해 외교 안보와 경제통상을 다변화하는 역내 균형전략을 모색하고 있다.[5]

또한 인도의 SCO 협력과 더불어 동시에 인도-태평양 연대 및 RCEP 불참 등에서 보이는 대응이나 러시아의 중-러 전략협력과 동시에 신동방정책 및 대유라시아 영향권 재건 노력 등에서 나타나듯이, 강대국들의 미-중 전략경쟁에 대한 입장은 고도의 전략적 성격을 띠는 형태로 나타나고 있다는 점에 유의할 필요가 있다.

이와 같은 상황은 미-중 전략경쟁의 고도화에 따른 영향으로 형성되고 있는 지구질서가 양국 간 경쟁의 결과에 의해서 결정되기 보다는 새로운 전략 경쟁의 특징으로 나타난 바, 네트워크 구성을 위한 경쟁이 중요해지는 상황에서 다른 강대국들 및 지역 국가들과의 협력과 상호작용의 제도화 노력에 기초한 복합적인 상호작용의 결과에 의해서 크게 영향을 받을 것이라는 점이 분명하다.

---

5 김준형 외, 『코로나 19 이후 국제정세』 (서울: 국립외교원 외교안보연구소, 2020), pp.1-201.

이와 관련하여 러시아의 미국 및 중국과의 관계를 전략적 관점에서 평가하고, 그 새로운 지구 및 지역질서 형성의 가능성을 평가해 볼 필요가 있다.

2. 바이든 행정부 출범과 미-러 관계

가. 바이든 행정부 이전 미-러 관계의 유산

미-러 관계를 살펴보면, 지구적 차원에서 양국은 큰 틀에서는 갈등과 긴장의 관계이지만, 북핵 문제 등에서는 부분적으로 협력하는 모습을 보여 왔다. 하지만 2014년 우크라이나 사태 이후 미국 중심의 서구와 러시아는 제재와 역(逆) 제재를 반복하였으며, 우크라이나 사태뿐만 아니라 미 대선 개입, 사이버 공격, 인권 문제, 북한, 시리아, 베네수엘라 지원 등의 이유로 미국은 제재를 지속하였다.

2017년 트럼프(Donald Trump) 대통령은 취임 이후 푸틴 대통령과의 통화에서 양국 간 관계를 발전시킬 수 있다고 언급한 바 있다. 러시아가 미 대선에 개입한 것과 관련되어 러시아 게이트가 터진 이후 미국 내에서는 트럼프 대통령에 대한 회의[6]와 러시아에 대한 반감이 커졌으며, 미국 내 러시아의 선거 개입에 대한 의혹 제기가 지속적으로 이루어졌다. 이와 같은 상황은 우크라이나 사태 이후부터 이어지고 있는 러시아의 주요 인사들에 대한 제재 조치에 추가하여, 미 의

6　Jennifer Agiesta, "CNN Poll: Trump approval at new low as Russia concerns grow,"CNN, 2017.11.09. (검색일:2021.10.25).

회를 중심으로 대러 제재안을 강화하는 동력이 되었다.

또한 2018년에는 3월 스크리팔(Skripal) 부녀 음독 사건으로 시애틀의 러시아 영사관이 폐쇄되면서 양국 간 긴장 관계가 지속되었으며, 7월 트럼프-푸틴 대통령 간 정상회담도 미국 국민들에게는 만족할 만한 성과를 내지 못했다. 2019년 미국은 러시아와 독일을 잇는 노르드스트림-2에 대한 제재를 발표하였고, 미국 의회 내에서는 러시아에 대한 추가 제재 도입, 기존 제재의 충실한 이행에 관한 논의가 계속 되었으며, 116대 의회에서는 노르드스트림-2를 비롯한 러시아의 해저 천연가스 수출 파이프라인 건설에 대한 신규 규제가 고려되었다.[7]

미국을 비롯한 서구의 제재와 셰일 혁명 이후 미국 에너지 정책에 따른 저유가가 지속되면서 2014년과 2015년 러시아는 경기 침체를 겪었으나, 2016년 유가가 회복되면서 2016년과 2017년 경기 회복세를 경험하였다. 하지만 러시아 경제의 구조적인 개혁이 제한적으로 이루어지고 있고, 인구 역전으로 인한 도전으로 경제적인 도약은 쉽지 않아 보였다.[8] 2018-2019년 러시아의 새로운 경제 도약의 노력이 시도되었으나, 2020년 팬데믹으로 지체되고 있다.

2020년 양국은 미국의 중거리핵전력조약(Intermediate-Range Nuclear Forces Treaty, INF) 탈퇴 이후 새로운 군비경쟁 가능성을 통제하지 못하고, 핵무기 감축을 위한 뉴스타트 협상에서도 진전을 이루지 못하는 상황을 연출하였다.

7　*U.S. Sanctions on Russia*, Congressional Research Service, 2020.01.17. p.55.
8　*U.S. Sanctions on Russia*, p.46.

트럼프 대통령은 2016년 러시아의 대선 개입에 대하여 계속하여 부정해 왔으며, 미국이 러시아에 제재를 가하고 있음에도 긴밀한 협력이 필요하다는 입장을 견지해 왔다.[9] 따라서 트럼프 대통령이 재선에 성공했다면, 지금까지의 미국의 대러 정책 현상을 유지할 가능성이 높았을 것이다. 트럼프 대통령은 러시아와의 협력을 주장하여 왔지만, 그가 러시아와의 관계를 개선하고 협력을 확대하기 위해서는 러시아에 호의적이지 않은 행정부 내 관료들과 상원을 설득하여야 하는 과제가 너무 버거웠으므로 과거 오바마-메드베데프 시기 "리셋"과 같은 과감한 변화를 시도하는 것에는 큰 무리가 있었던 것이 사실이다.

나. 바이든 행정부의 대러시아 정책 기조

2021년 바이든 행정부가 출범함에 따라 미국의 대외정책 기조와 대러 정책이 크게 바뀌고 있다. 바이든(Joe Biden) 대통령은 "자유주의적 국제주의"의 입장을 지니고 있는 것으로 알려져 있으며, 과거 오바마 정부 시기 대외정책 노선으로 회귀할 가능성이 높다. 특히 바이든은 2019년 7월 미국의 안보와 번영이 미국과 함께하는 동반자, 동맹들의 강력한 네트워크에서 나온다고 강조하면서 트럼프와 달리 동맹과 우방의 중요성을 크게 인식하고 있다.[10]

바이든은 과거 오바마 행정부 내에서도 러시아에 대해 강경한 태도를 보여 왔으며, 유력 대선 후보로 등장한 이후 러시아를 위협으

---

9 "The 2020 Candidates on Foreign Policy," *Council on Foreign Relations*, 2020.08.11.
10 Alex Ward, "Joe Biden's plan to fix the world," *Vox*, 2020.08.18. (검색일:2021.10.25).

로 강하게 인식했던 것으로 알려졌다. 특히 바이든은 러시아와 중국이 수정주의 국가이며, 러시아를 서구의 민주주의의 기반을 흔들고, NATO와 EU를 와해시키며, 서구 금융기관들을 돈 세탁을 하는 데 활용하고 있다고 언급한 바 있다.[11]

결국 바이든의 대통령 당선이 확정되고 외교 진용이 갖추어지면서 트럼프 시기 소원해진 동맹국들과의 관계를 회복하여 러시아에 대한 압박의 강도를 높여갈 것이라는 추론이 힘을 얻었다.[12] 바이든 행정부는 그동안 트럼프 대통령이 비판해온 G7, NATO 회원국들, WTO, WHO 등 국제기구와의 관계를 개선하고, 국제사회 내에서 미국의 역할을 강화할 것으로 예상되었다. 바이든은 이러한 관계 개선을 바탕으로 러시아에 대한 압박 수준을 높일 수 있을 것이라는 예상이 지배적이었다.

바이든은 민주주의, 인권과 관련해서도 러시아에 더욱 엄격한 기준을 요구하며 비판 강도를 높일 수 있으며, 이는 최근 바이든이 러시아 야권 지도자 나발니 독극물 중독 이후 푸틴 대통령을 독재자라며 강력히 비판을 한 것을 통해 유추해 볼 수 있다.[13]

이같은 바이든의 강경한 태도로 인하여 러시아는 바이든이 대통령으로 당선되는 것보다 트럼프 대통령이 재선하는 것을 희망했던

---

11 "Joe Biden and Kamala Harris on Russia,"*Russia Matters*, 2020.08.13.; "The 2020 Candidates on Foreign Policy,"*Council on Foreign Relations*, 2020.08.11. (검색일:2021.10.25).
12 Yana Gorokhovskaia, "What Would a Biden Presidency Mean for Russia?"*IMR*, 2020.04.22. (검색일:2021.10.25).
13 Charles Davis, "Biden condemns 'Russian state' for poisoning of Alexei Navalny, says Trump's 'silence is complicity',"*Business Insider*, 2020.09.03. (검색일:2021.10.25).

것으로 알려졌다.[14] 하지만 바이든 행정부의 출범 이후 양국 간 긴장이 고조될 요인들이 작동하겠지만, 일정 수준에서 그것을 관리하기 위해서 적극적 대화를 모색할 수밖에 없었다. 특히 중국과의 고조된 전략경쟁의 상황에서 러시아와의 갈등까지 동시에 고조되는 것은 미국의 지구 전략에 부정적 영향을 미칠 수 있기 때문이다. 미국 입장에서는 러-중 협력에 의해 미국이 외화 되는 구조보다는 미-중-러 관계가 전략적 삼각관계 구도 속에서 작동하며, 관계를 조절해 갈 필요가 분명히 있어 보인다.

지역적 차원에서 미국이 G7, NATO 등 동맹국 관계를 개선하여 러시아에 대한 압박을 고도화할 경우, 러시아 역시 근외 지역 내 러시아에 우호적인 국가들과의 협력을 보다 긴밀히 하는 방식으로 대응할 수 있을 것이다. 하지만 우크라이나 사태, 동유럽 MD 배치 등과 같은 수준의 가시적인 군사적 갈등이 추후에 전개될 가능성은 아주 높아 보이지는 않는다.

실용적 측면을 강조해온 트럼프와 달리 바이든 대통령이 민주주의, 인권 등 규범적인 현안에서 트럼프 대통령보다 정교한 형태로 압박을 가할 전망도 없지는 않다. 따라서 과거 주권 민주주의 등 민주주의와 인권에 대한 논의가 다시 점화될 수도 있을 것이다.

하지만 미국과 러시아 사이에 존재하는 상술한 바와 같은 다양한 도전적 요인들에도 불구하고, 바이든 행정부 시기 미국과 러시아의 관계는 트럼프 대통령 시기보다 상대적으로 더 예측가능하고, 입

---

14 황준범, "미 정보당국 '중국은 바이든 편, 러시아는 트럼프 편',"한겨레, 2020.08.09. (검색일:2021.10.25).

체적이지만 직관적이며, 적극적 수준에서 전개될 가능성이 높아지는 방향으로 전개될 것이라는 관측이 힘을 얻어가고 있다. 그것은 미-러 관계가 양자관계의 차원에서 규정되기보다 점차 미-중-러 전략적 삼각관계 및 지구·지역정치의 구도에 의하여 규정될 가능성이 높아졌기 때문이다.

이와 같은 예상은 2021년 상반기 벨라루시 상황에 대한 미국의 적극적 언급, 노르드스트림-2 프로젝트의 중단 위기, 러시아-우크라이나 국경에서의 군사적 움직임 고조 등으로 어긋날 수 있었지만, 2021년 6월 스위스 제네바에서 열린 미-러 정상회담은 이러한 우려를 불식 시켰다.

미국, 러시아는 양국관계의 정상화를 위해 지켜야 할 선, 이른바 레드라인에 대한 의견을 나누었고, 이를 관리하는 방안에 대한 논의를 지속해 가기로 합의하였다. 전략적 안정성의 문제, 사이버안보, 북극 개발, 시리아와 이란과 아프가니스탄 문제, 우크라이나와 벨라루시 문제, 인권과 야권에 대한 탄압 등 폭넓은 양국 간 이견이 있는 이슈들에 대하 토의하고, 서로 넘지 말아야할 선을 설정하였다는 점에서 양국관계가 새로운 출발을 위한 중요한 지점을 통과한 것으로 평가해 볼 수 있을 것이다.

미-러 간 갈등을 고조시킬 수 있는 지점에 대한 안전판을 세우고 양국 관계를 관리할 수 있는 최소한의 조건을 창출하기 위한 노력은 바이든 시기 강화될 것으로 보인다. 그렇지만 이러한 미-러 관계의 정상화가 중국을 외화시키는 삼각관계로 귀결되기에는 분명한 한계가 존재한다. 미-러 간 접근에 대한 미국 국내정치에서의 저항이나 러시아 내 강경파의 영향력이 제거되지 않는 한 이 또한 용이한 일은 아닐 것이다. 결국, 중-러 전략협력에 의한 대미 견제가 일정 정도에서 작동하면서, 동시에 미-러관계가 관리되는 상황은 미-중 전략경쟁의 구도에서 3국 관계가 전략적 삼각관계의 성격을 띠게 되었으며, 이는 미-중 전략경쟁이 고조될수록 러시아의 운신의 폭이 점차 더 넓어 질 수 있음을 의미한다.

3. 미-중-러 전략적 삼각관계와 동북아[15]

가. 미-중 전략경쟁의 세 시나리오

동(북)아시아 지역정치 구도에서 미-중 경쟁축이 가장 중요한 것은 사실이지만, 이를 미-중 양자관계 구도에서 고정적으로 이해하기보다는 미-중-러 전략적 삼각관계의 틀 속에서 파악하는 시각은 이 지역에서도 유효하며 필요하다. 이런 전략적 삼각관계의 구도는 동북아 질서 변동의 향방이 역동적으로 전개될 가능성을 높여준다. 그럼에도 미래에 대한 해답의 열쇠는 미국이 쥐고 있는 것으로 보인다. 중국의 부상과 도전으로 인한 지역정치 구도 변화의 모멘텀을 정리할 첫걸음은 역시 미국의 대응에 달려 있기 때문이다. 따라서 미국의 이니셔티브와 중국 및 러시아의 대응이 동북아에서 어떻게 전개될 것인지를 예측해 보는 것은 매우 흥미로운 작업이 될 것이다.

---

15 이 파트의 내용과 표는 다음에 발표된 내용을 수정, 보완하였음. 신범식, "러시아 외교안보 정책과 한러관계 2030,"『신아세아』 26권 3호. (2019).

미-중 관계 전망과 관련된 시나리오는 다양한 버전이 존재하지만,[16] 2020년대를 시계로 잡고 좀 단순화하여 이야기해 보자면 크게 세 가지 시나리오가 가능할 것이다.

첫째는 미-중 전략경쟁의 고조에 따른 패권경쟁으로의 전이 시나리오이다(US-CHN-1). 둘째는 미-중 전략경쟁이 크고 작은 갈등과 충돌을 겪으면서 진행되지만, 전반적인 갈등이 관리되면서 경쟁이 지속되는 시나리오(US-CHN-2)이다. 셋째는 미-중 전략경쟁의 고조에 따른 양국의 부담이 급증해 감에 따라 양국 간 일종의 타협이 이루어지는 시나리오(US-CHN-3)이다. 마지막의 경우는 양국은 전략경쟁의 고조가 상호 긴밀히 연관된 경제구조와 가치사슬을 훼손함으로써 모두에게 불리한 상황을 가져와서 타국만을 유리하게 할 수 있다는 공통된 인식에 도달하는 상황에서 가능할 것이다. 이들 시나리오는 다시 여러 가지 버전으로 나뉠 수 있겠지만 아마도 경제 분야에서의 협력틀 유지와 지역적 영향권의 분할 등을 통한 공존을 추구하는 구도일 것으로 예상된다. 그것이 냉전 시기 미-소 관계와 같은 유형이 될지, 아니면 좀 더 협력적 공동 협치의 유형이 될지를 예측하기는 어렵지만, 동아시아에서의 균형과 유라시아에서의 중국 우위 그리고 미주 대륙에서의 미국 우위 및 미-유럽 대서양 협력 등이 기본적 요소가 될 가능성이 커 보인다.

---

16 Wayne M. Morrison, "China-U.S. Trade Issues,"*Congressional Research Service* (July 30, 2018), pp.1-86; Terence Tai Leung Chong and Xiaoyang Li, "Understanding the China-US trade war: causes, economic impact, and the worst-case scenario,"*Economic and Political Studies*, Vol. 7 (2019), pp.185-202; Yu Yongding, "US may escalate trade war in six ways,"*Global Times* (2019.06.05).

나. 미-중 전략경쟁과 미-러 관계 시나리오

미-중 전략경쟁의 시나리오에 변수로 작용할 수 있는 나라는 러시아이다. 과연 바이든 행정부가 이끌어갈 2020년대 미국은 동아시아에서 벌어지는 미-중 경쟁의 와중에 (최소한 이 지역에서의 러시아의 역할을 두고) 미-러 관계 개선을 시도할 것인가, 만약 미-중 관계의 전개에 따라 미국이 전면에 나서기 어렵다면 미국을 대신하는 일본이 그러한 전략적 지향을 구현할 수 있는 러-일 간의 협력 구도를 창출해낼 수 있을 것인가에 주목해야 한다. 바로 이 시도의 성패 여부에 따라서 동북아 지역정치 구도에서 나타날 세력균형점이 변동하거나 그 구도 자체가 크게 변화할 것을 예측해 볼 수 있다.

이같은 미-러 관계에 따른 동북아 지역정치 구도 변동과 관련해, 1990년대 이후 동북아에서 전략적 행위자로서의 위상이 약화된 러시아로서는 최근 조성되는 지역정치 구도 속에서, 그리고 새로운 미국 행정부의 정책적 변동이라는 조건 하에서 이와 같은 기회가 러시아가 동북아 지역에서 잃었던 '전략적 행위자'로서의 위상을 회복하게 되는 계기로 전화되기를 바라며 그 실현을 위해 애쓰겠지만, 이는 아직도 미국의 선택에 크게 좌우될 문제이다. 러시아의 신동방정책이 미국의 아·태 및 동북아 외교에 긍정적 자산이 될 수 있을 것인가 여부는 크게 세 가지 방향으로 결정될 수 있다.

첫째, 미국이 러시아의 이같은 노력을 전략적 고려의 대상으로 보지 않고 무시하는 시나리오(US-RUS-1)이다. 미국이 대러 전략협력을 무시할 경우, 이는 미-중 관계를 중심축으로 양극적 질서가 동아시아에 고착될 것이며, 이는 점진적으로 한-미-일 대 북-중-러 사이의 경쟁을 고조시키고 지역적 대립구도로 전화되어 갈 가능성을 높일 것이다. 이와 같은 지역정치 구도에서 러시아는 중국을 반 발짝 뒤따라가면서 사안별로 협조를 하거나, 중국-러시아-북한으로 연결되는 협력관계를 강화하는 선택에 경도될 것이 거의 확실해 보이다. 이같은 지역정치 구도는 다시 미국의 아시아 정책에 더 큰 도전과 어려움을 안겨줄 가능성을 높이며, 구조적 경쟁의 심화에 따른 긴장의 고조는 일본이나 한국에게도 도전적 외교안보 환경으로 작동하게 될 것이다.

둘째, 양국이 부분적인 전략협력을 모색하는 시나리오(US-RUS-2)이다. 미국이 러시아와 동북아 수준에서 전략적 협력을 모색하되, 특히 외교·안보적 사안에서의 모색이 당장 어렵다면 러시아의 경제적 프로젝트들에 대한 미국의 견제를 거두면서 미국 기업들이 이에 참여하는 것을 허락하는 방법으로 러시아의 동북아에서의 운신의 폭과 입지를 차츰 넓혀주는 것이다. 이 같은 정책이 미국의 실질 이익의 창출에 기여하게 된다면, 미국은 러시아의 동북아 내에서의 전략적 행위자로서의 위상과 역할을 허용하는 대가로 실질적 이익을 챙기면서 중국을 견제하는 일거양득 정책적 선택이 될 것이라는 기대도 가능할 듯하다. 실용주의 정책 지향을 가지는 미국 행정부가 들어선다면 이 시나리오는 매우 매력적 옵션이 될 것이다.

그런데 이와 같은 시나리오는 단지 미국의 이익을 위해서 뿐만 아니라 미-중-러 사이의 전략적 삼각관계에 기반한 안정을 달성하여 동북아 소지역협력을 촉진하고 궁극적으로 다자주의적 균형점을 지향하는 지역정치를 추동할 수 있는 중요한 전환의 조건이 될 수도 있다. 그런 의미에서 미-러 간에는 본격적 안보적 협력에 앞서 지역 내 또는 러시아의 극동개발 과정에서 경제적 협력을 모색하고 이를 바탕으로 한 점진적인 안보협력을 탐색하는 접근법이 더 현실적으로 적용 가능성이 높아 보인다.

셋째, 양국 간 전면적 전략협력의 시나리오(US-RUS-3)이다. 만약 미국이 동북아에서 러시아와 안보 협력을 포함하는 전면적 전략협력을 필요로 하는 상황이 온다면, 그것은 미국이 단독으로 중국을 견제하는 것이 버거운 상황에서 시도될 것이다. 그리고 동북아에서 미-러 전략협력의 구축은 중국에 대한 전면적 견제의 정책과 깊은 연관을 가지게 될 것이다. 이는 중국이 아시아에서 미국의 영향력을 축출하기 위한 최대의 노력이 경주되는 상황에서 나타날 수 있는 시나리오이지만, 실현 가능성은 아주 높아 보이지는 않다. 하지만 중국이 미국과의 적절한 타협점을 모색하는 데 실패할 경우 미국의 선택지로서 러시아와의 전면적 협력을 통해 중국을 압박하는 것은 바이든의 미국에게 여전히 열려있는 카드라고 보여진다. 미국이 1970년대 키신저의 구상 속에서 미-중 관계를 개선함으로써 소련에 대한 세력균형점을 완전히 뒤엎고 지역정치 구도를 개편했던 사실은 이러한 전략이 미-중-러 전략적 삼각관계 속에서 얼마든지 가능한 대안이 될 수도 있을 것이다.

하지만 트럼프 행정부가 보여준바, 미국이 일방주의에 입각하여 힘을 통한 평화의 전략적 실현을 위해 전략적 핵무기 공격력을 획기적으로 높이고 미사일방어체계의 구축을 통한 수비력을 강화하는 군사정책을 펴면서 중국을 강하게 압박하고 견제하는 정책에 우선

순위를 두고 동북아에서의 외교·안보정책의 기조를 견지할 경우, 그리고 그것을 뒷받침할 수 있는 경제력과 국내정치적 지지가 보장될 경우, 미국과 러시아의 전면적 내지 지역적 수준에서의 부분적 전략협력의 가능성은 상당히 어려울 것으로 보였다.

최근 바이든 행정부의 대러 관계에 대한 기조를 살펴 볼 때에, 양국 관계가 더 이상 악화되는 것을 관리하고, 뉴스타트 협상 등과 같은 상호 이해가 일치하는 분야에서의 협력을 촉진하고, 서로 넘지 말아야할 선에 대한 명확한 싸인을 주고받으려는 모습을 분명히 한 점을 통해 미루어 보건대 향후 미-러 간 부분적 전략협력의 가능성에 대해서 조심스러운 전망을 가능하게 하고 있다.[17]

다. [미-중 전략경쟁]-[미-러 전략협력]에 따른 동아시아 질서 전망과 한국외교

대체적으로 미-중 사이에 진행되는 전략적 경쟁은 상당 기간 동안 고조 내지 관리되면서 그 영향이 중장기적 결과로 귀결되는 상수(常數)의 역할을 할 것에 비해 적어도 동북아에서 미-러 간 전략적 상호작용의 회복은 미국의 결단에 의하여 달리질 수 있는 변수(變數)의 성격을 지닌다고 할 수 있을 것이다.

미국이 러시아와의 협력을 무시하고 중국과의 전략경쟁을 고조시켜서 패권전의 위협이 고조되는 A 상황으로 치닫거나(트럼프 시기), 미-중이 타협하여 미국의 역할 축소 내지는 타협이 이루어지는 B 상황의 경우 동북아에서 러시아의 역할은 매우 제한적으로 머물 것이

---

[17] 장세호, "16 제네바 미러 정상회담: 배경과 의미,"『이슈브리프』271호 (2021.06.22).

다. 하지만 미국이 러시아의 전략적 행위자로서의 위상을 회복시키는 경우(C, C-, C+)에는 러시아와 중간국의 역할이 활성화 될 가능성이 생길 수 있다. 그리고 경우에 따라서는 미국이 러시아와의 전면적 협력을 통하여 중국을 배제하면서 패권을 유지하려는 상황(D)이 도래할 것이라는 예측도 가능하다.

<표 1> 미-중 관계와 미-러 관계 시나리오에 따른 동북아 지역정치 구도

미-중 관계 \ 미-러 관계	전략협력 무시 US-RUS-1	부분적 전략협력 US-RUS-2	전면적 전략협력 US-RUS-3
패권경쟁으로의 전이 US-CHN-1	미 : 중·러 대립구도(A) - 동아시아 갈등격화 - 중간국 역할 미미 - 중간국 줄서기 강요	미·중·러 전략적 삼각구도 부분작동 (C-) - 불안정 지역질서 - 제한적 중간국 역할	미·러:중 대립구도(D) - 미국 주도 질서 - 동북아 안정적 세력균형 - 다자 지역 안보협력 시도
전략경쟁 고조 · 관리 US-CHN-2	↑ ↗ 현(現) 동북아질서 → ↘ ↓	미·중·러 전략적 삼각구도 작동(C) - 균형적 지역질서 - 적극적 중간국 역할 - 지역협력 기재 필요 증대 - 소다자 등 경제협력 활성화	
전략경쟁 중 타협 모색 US-CHN-3	미-중 양극체제(B) - 중국 우위 또는 중-러 균형의 동아시아 질서 - 러시아의 중국 주니어 파트너화		미·중·러 전략적 삼각구도 안정화(C+) - 강대국 세력균형 안정화 - 안정적 지역질서 구축 가능

출처: 신범식(2019)의 [표 1]을 일부 수정.

이와 같이 변화하는 동아시아 정세 속에서 한국이 한미동맹에 기초한 대미관계의 안정적 유지와 더불어 중국과의 실질적 협력에 기초한 경제파트너십의 관리를 동시에 추진하는 것은 쉬운 일이 아니다. 하지만 포기할 수도 없다. 문제는 이 과제를 미-중 전략 경쟁의 구도 속에서 파악하기 때문에 한계가 있는 것은 분명하다. 그렇지만 우리의 "지정학적 중간국"(中間國)[18]으로서의 위치를 적절히 인식하고 대응하려는 사고의 전환과 전략은 다양한 국제정치의 구도를 활용할 길을 열어줄 수 있다. 지정학적 중간국 연대의 원리에 기초한 다양한 정책을 개발해 나가야 한다. 우리의 신북방 및 신남방정책은 이러한 지정학적 중간국의 위치에서 구현될 수 있는 중간국 연대의 중요한 내용이 될 수 있다.

동시에 우리가 동아시아 국제정세를 파악하는 과정에서 고려해야할 중요한 부분은 미-중 전략경쟁의 구도 이외에 다양한 수준에서 작동하는 힘의 동학을 이해해야 한다는 것이다. 특히 점차 변화해가고 있는 지구적 세력배분의 구도는 미-중-러 전략적 삼각관계의 작동에 대한 전망을 높여가고 있다. 그리고 바이든 행정부의 대러시아 관리 정책은 러시아의 운신의 폭을 점차 넓혀가게 될 것이라는 전망에 무게를 더해가고 있다. 따라서 한국의 외교는 국제정세의 새로운 동학을 활용하려는 정책에도 주의를 기울이면서 새로운 전략적 기회의 창을 활용할 수 있는 유연한 외교를 추진해 볼 필요가 있다.

---

18 지정학적 중간국이란 지정학적 단층대 상에 위치하여 경쟁하는 두 강대국/세력 사이에서 전략적 선택의 압력 사이에 끼인 지정학적 위치를 지닌 국가로 중견국(middle power)과는 차별화된 개념이다. 이에 대해서는 다음을 참조하라. 전봉근, 신범식, 김홍규, "중간국의 생존전략을 찾아서," 김홍규(편), 『신국제질서와 한국외교전략』 (서울:명인문화사, 2021).

4. 한-러 전략협력의 모색

한국이 처한 지정학적 환경이 요구하는 구조적 제약 하에서 자율성의 공간을 창출하기 위한 전략의 일환으로 북방정책을 추진한 이후 한국 정부는 지난 30년간 러시아에 대한 전략적 협력을 다면적으로 모색해 왔다. 탈냉전 이후 고조되고 있는 미-중 전략경쟁의 조건 하에서 러시아는 한국의 한반도를 아우르는 네트워크 구축의 전략적 협력의 파트너가 될 수 있다. 전통적 영향권인 동북아에 대한 중국의 주도권 요구는 러시아 역내 영향력의 축소는 물론 중국의 하급 파트너로 전락할 위험성도 내포하는 도전이 될 것이다. 이에 러시아는 한편으로는 일대일로로 대변되는 중국의 경제적 서진 전략에 편승하면서 다른 한편으로는 자신의 영향력 강화를 통한 균형화 전략에도 비상한 노력을 기울일 수밖에 없다. 이런 러시아가 우리 외교에 대하여 어떤 가능성과 도전이 될 수 있을 것이며, 러시아에 대한 정책적 지향으로 한국이 유의해야 할 점으로는 무엇이 있는가?

첫째, 북핵 및 미사일 제재 국면에서 한국 정부는 러시아를 활용하여 북한 문제를 풀려하기보다 현 조건에서 양국이 양자 수준에서 발전시킬 수 있는 실질협력의 분야를 선정하고 실천하는 데 대한 우선적 관심을 표명해야 한다. 물론 북한 문제가 개선되면 남-북-러 3각협력을 비롯한 한반도 신경제지도가 구상하는 많은 프로젝트들을 추진할 수 있겠지만, 현 북핵 및 북한 문제가 해결의 가닥을 잡지 못한 국면에서는 3자보다 한-러 양자관계에 좀 더 무게중심을 두는 것이 필요하다. "북한환원주의"[19]라는 블랙홀의 흡인력에 의해 한-러 관계 발전의 잠재력이 완전히 소진되는 것을 최대한 조심해야 한다.

둘째, 한-러 간에 창조적 전략협력을 위해 양국은 긴밀한 논의 구조를 정비할 필요가 있다. 한-러 경제관계 발전의 동력을 현실화하는 데 가장 중요한 것은 역시 강화된 정상외교가 가장 효과적이다. 한동안 한국 정부는 이 부분에 많은 주의를 기울이지 못했으며, 현 정부 들어 이를 개선하기 위한 노력이 이루어지고 있다. 북핵 문제 등과 같은 다른 국제적 변수에 의해서 방해받지 않으면서 양국이 직접 제어 가능한 분야에서의 협력을 강화해 가겠다는 의지를 정상 수준에서 분명히 표시하고 실질적 협력의 진전을 통한 양자 관계의 강화를 바탕으로 소다자 협력을 추진해 가는 수순이 합리적일 것이다.

또한 대러시아 교섭 및 논의의 창구를 정비·확대해 나갈 필요 있다. 현재 외교부를 통해 대러 관계를 잘 유지해 가는 것은 기본이지만, 외교 및 국방 장관의 2+2 대화채널을 구축하는 것이 필요하다. 이에 더하여 1.5/2.0트랙의 전략 소통 및 조율의 채널을 구축하면서 한국의 입장을 효과적으로 전달하고 러시아와의 전략적 소통의 노력을 배가할 필요가 있다. 또한 상대국 오피니언 리더들과의 소통 채널 확대가 필요하다. 이를 위해 한국 측은 러시아의 전략문제연구소(Institute for Strategic Studies), 현대발전연구원(Institute for Modern Development), RIAC(Russian International Affairs Council), 스콜코보재단(Skolkovo Foundation) 등 러시아 연구기관 및 싱크탱크와 정례

---

[19] Beom Shik Shin, "Northern Policy of South Korea: Historical Retrospect and Future Prospect,"*Foreign Relations* (2018), pp.61-89.

적 지속적 협력 네트워크를 구축하고, 발다이 클럽, 쌍트 페테르부르크 경제포럼, 야로슬라블 포럼, 동방경제포럼 등 러시아의 주요 정책 포럼에 한국 측이 정기적으로 참여해 오피니언리더들과의 대화 채널을 강화해야 한다.

셋째, 북핵문제 및 한반도평화체제 구축을 위한 해법을 모색하는 데 러시아의 건설적 기여를 유도하는 정책의 추진이다. 우리의 입장에서 선(先)핵폐기 후(後)관계강화를 추진하는 옵션이 우선 선호되지만, 바이든 행정부에서 예상되는 바, 미-북 협상 과정에서 대립과 긴장이 지속되는 상황에서는 북한의 핵동결, 한반도 평화체제, 한반도 비핵화라는 세 목표를 창조적으로 결합하여 포괄적 목표를 합의한 뒤 단계적 실천을 모색하는 것이 필요하다. 이 과정에서 러시아의 극동개발과 소지역협력을 북한과 연관시켜 유인하는 방안은 신중하고 창조적으로 활용해볼 카드가 될 수 있다. 북한이 진정으로 원한다면, 남-북-러 삼각협력을 통한 북한의 개혁·개방을 돕는 것도 가능할 것이다. 이러한 3각 협력은 북한의 고립을 해소하고 한반도의 안정에 기여할 것임에 분명하다. 하지만 이는 북핵문제 등의 해법을 실현하면서 북한이 자발적으로 나설 때에 가능하며, 남-북-러 삼각 협력이 여의치 않을 경우 한-러 직접 협력의 다양한 토대를 확충하고, 이를 기반으로 북한의 참여를 중장기적으로 유도하는 전략적 수순을 준수하는 정책 추진이 필요하다. 이같은 협력이 성과를 거둘 경우 이를 바탕으로 지역주의적 협력과 안보 체제의 구축도 같이 논의해 볼 수 있을 것이다.

넷째, 경제 위축의 출구로 북한과 함께 하거나 북한을 우회하는 신(新)대륙외교와 경제협력의 추진이다. 위 조건을 고려할 때에 북방 경제협력의 구도는 북한을 우회하는 다양한 방안들에 대한 이중적 견지에서 구상해 볼 수 있다. 북한문제와 연루되지 않으면서 중앙유라시아에서 진행되고 있는 협력의 틈새를 파고드는 접근도 가능하다. 중국의 영향력 확대에 고전하고 있는 러시아와 협력에 초점을 두면서 러시아가 주도하는 광역 유라시아 협력을 강화할 수도 있다. 유라시아경제연합과의 자유무역지대 창설 등이 그 일례가 될 수 있을 것이다. 하지만 어떤 경우에도 한-러 양자를 중심으로 경제적 동반자 관계 강화를 추진하는 것이 중요하다. 미-중 전략경쟁으로 경제협력의 문제와 안보 협력의 문제가 분리되기 어려운 조건이 형성되고 있는 것이 사실이지만, 한-러 간에 미-중 대결 구도로부터 자유로운 경제협력의 지경학적 협력 구도를 창출해 나가는 것이 절실하다.

다섯째, 동북아 내 소다자주의를 통한 실질 협력을 활성화하는 협력의 추진이다. 그동안 소다자주의는 한-미-일 사이의 안보 협력이나 한-중-일 사이의 경제·사회적 협력 등이 대표적이었다. 하지만 변화하는 동북아 정세 속에서 소다자의 효용이 변화하고 있으며, 새로운 필요가 제기되고 있다. 그간 남-북-러 삼각 협력 및 GTI를 중심으로 하는 소지역협력의 활성화에 대한 노력이 경주되었다. 하지만 북핵 국면이 지속되는 한 북한이 연루되는 이와 같은 사업들을 추진하기란 쉽지 않다. 따라서 새로운 시도로 한-일-러 삼각 협력의 활성화를 시도해 봄직하다. 한국, 러시아, 일본은 전략경쟁에 몰두하고 있는 미국과 중국 사이에 위치한 전략적 유사성을 지닌 중간국이다. 중간국들은 양대 강국의 전략적 대립 구도에 따라 편승이나 균형 등의 전략을 펼칠 수도 있지만, 중간국 연대전략을 통해 지역 정치의 세력균형을 모색할 수도 있다. 따라서 미-중 전략경쟁을 완화하여 지역안정을 도모하고 중간국 외교의 자율성 공간을 확보하는 소다자협력으로 한-일-러 협력의 가능성을 모색해 볼 필요가 있다. 이는 장기적으로 북한의 대외개방과 협력을 위해 북한이 덜 경계하는 지역협력의 구도를 사전에 정지한다는 차원에서도 매우 유용할 것이다.

한-일-러 3각 협력과 관련하여, 러시아가 추진하고 있는 동방경제포럼에 한국과 일본의 정상이 러시아의 정상과 2016-7년 연속으로 만나기도 했다. 한국이 이니셔티브를 쥐고 향후 이 포럼을 활용해 한-일-러 3자 정상회의를 정례화하고 환동해 협력을 논의하는 플랫폼으로 발전시켜 갈 수 있을 것이다. 이같은 한-일-러 소다자 협력을 적극 추진하여 한-러 관계로 러-일 관계를 헤징하는 방식으로 러시아에 너무 큰 힘을 실어주지 않으면서도 3자 모두에게 공히 유리한 구도를 창출하는 것이 필요하다. 이를 위하여 한-일-러 3각 협력의 중심 아젠다를 발굴하는 것이 시급하다. 또한 이같은 한-러 전략협력을 통하여 소다자주의에 입각한 새로운 협력의 모멘텀을 동북아에서 창출하는 것은 다가오는 북방항로의 시대를 지역적 협력으로 견인하는 각도에서 준비하는 좋은 기회가 될 수 있으며 미국을 포함한 해양 권역의 대륙과의 융합을 견인하는 단초가 될 수 있다. 나아가 동방경제포럼은 향후 포괄적인 동북아 지역협력을 위한 실질적인 플랫폼으로 활용될 가능성도 배제할 수 없다. 미-중관계의 압도적 성격이 동북아지역의 세력구도의 핵심축이라는 점을 고려해 볼 때에 일단 지정학적 중간국가라고 볼 수 있는 한-러-일 간 협력을 소다자

협력의 기초로 삼는 것이 전략적으로 유의미할 뿐더러 실현가능성의 면에서도 적절하다.

또한 한-중-러 협력의 가능성도 고민해 보아야 한다. 이 삼자협력은 중국의 동북과 러시아의 극동을 연계하는 구도와 관련될 수 있을 것이다. 물론 이 구도에서 북한의 존재는 필연적으로 연상된다. 하지만 "북한 환원주의"의 덫으로부터 자유로운 협력을 추동해 나가는 것이 더 필요하다는 것이 지난 북방정책 30년이 우리에게 주는 교훈이다. 도리어 한-중-러 구도에 일본이 참여할 수 있으면 더욱 바람직하다. 이런 지역 협력의 구도가 북한과 무관히 잘 진행되고 안정화되는 가운데, 북한이 자발적으로 이 구도에 참여를 요청하면 나오는 상황이야말로 동북아와 한반도의 안정을 증진시키기 위한 보다 확실한 방법이 될 것이다.

이같은 소지역 협력으로 추동되는 지역협력의 모멘텀이 가시화될 경우 북한은 자국 개혁·개방에 이를 활용하기 위해 이 흐름에 편승하기를 원하게 될 수 있다. 다만 이 때 성급하게 북한을 특별한 참여자로 대우하기보다 1/n로 책임과 권리를 가지는 합리적 국제행위자로 학습시키는 것이 필요하다.

마지막으로 향후 중장기적 한-러 관계의 발전 지향점을 전망해 보자면, 향후 한국의 대러 외교의 중심적 과제이자 지향점은 러시아가 동북아에서 과거의 진영논리와 같이 남방 대 북방의 대립구도 형성에 기여하는 행위자가 되는 것을 막고 동북아에서 양국이 추동해 낼 수 있는 지역 협력을 촉진해 나갈 전략적 동반자관계를 강화해 나가는 것이다. "가능성으로 존재하는 양국 간 공유이익을 전략협력을 통해 현실화하는 것"이 양국관계의 핵심적 목표가 되어야 한다. 이는 한-러 전략적 동반자관계를 양자, 지역적, 지구적 차원에서 내실화시켜 나가는 과제로 구체화될 것이다. 특히 동북아에서 남방 및 북방 3각 협력 진영의 형성 및 고착화를 방지하고, 소위 한, 일, 러 등과 같은 지정학적 중간 지대에 위치한 중간국 연대를 통해 역내 안정화와 미-중 전략경쟁의 완화 그리고 지역협력체제 구축을 위한 지역 전략적 연대를 도모해 나가야 할 것이다.

　이와 같은 전략적 지향의 기초도 역시 미-러 관계의 개선 여부에 따라 크게 영향을 받을 것이 분명하다. 미-러 관계가 개선된다면 그동안 러시아 외교의 제약으로 작용해 온 러시아의 대미 및 대서방 관계가 개선됨에 따라 러시아가 동북아와 한반도에서 감당할 수 있는 건설적 기여의 가능성이 높아질 것이다. 따라서 이 같은 가능성들을 염두에 두고 동북아 국제관계의 틀을 미-중 및 일-중 간의 대립 및 그와 관련된 의제로 집중되는 것을 관리하고 러시아의 전략적 행위자로서의 가능성을 협력적으로 부각하는 한-러 전략협력의 지향을 강화함으로써 한반도의 안정과 평화를 위한 협력의 의제를 확장해야 할 것이다.

유라시아 21

제2장

전환기적 국제질서와 러시아의 '전략적 가치'

장 세 호 | 국가안보전략연구원

1. 미-중 전략 경쟁의 심화에 따른 국제·지역질서의 불확실성 증대

미국과 중국 사이의 세력관계의 변화, 즉 지속적인 국력 격차의 축소에 따라 양국 간 전략적 경쟁이 나날이 심화하고 있다. 미국이 2001년 9.11 사태 이후 완만하지만 지속적인 영향력 침하를 겪어왔던 데 반하여, 중국은 이른바 개혁·개방 이후 오랫동안 가파른 성장을 지속해오고 있다. 이러한 양국 국력의 경향적 저하·상승의 흐름은 기존 국제질서의 경로의존성에 대한 의문을 불러왔고, 국제사회에 팽팽한 긴장을 유발하고 있다.

현재 우리가 목도하고 있는 미국과 중국 사이의 경쟁은 그 본질상 국제 패권을 '유지·쇄신'하느냐, '추격·쟁취'하느냐의 싸움이라고 할 수 있다. 주지하듯 시진핑 등장 이후 중국은 자국의 비약적인 국력 신장에 대한 자신감을 토대로 국제적 영향력 확대를 위한 공세적 행보를 본격화하고 있다. 이른바 '중국의 꿈', '두 개의 백년'과 같은 기치들은 이러한 중국의 '굴기'에 대한 의지를 잘 보여주고 있다. 중국은 '중화민족의 위대한 부흥'에 부합한 새로운 국제질서의 창출을 희망하며, 이 때문에 현상변경에 대한 강렬한 욕망을 표출하고 있다. 반대로 그동안 미국 내에서는 중국의 부상과 도전이 가시화되면서 기존의 중국 정책에 대한 비판적 논의가 꾸준히 제기돼 왔다. '중국 위협론'으로 대변되는 이러한 논의의 핵심에는 지난 40년간의 포용 정책이 중국으로부터의 위협을 감소시키기는커녕 오히려 크게 확대시켰다는 소위 '건설적 관여 정책'의 실패에 대한 통렬한 반성이 존재하고 있다. 이 때문에 미국은 중국의 급속한 부상에 따른 '세력전이'의 가능성을 사전에 차단하고, 국제 패권을 '쇄신'하고자 한다.

문제는 미-중 전략 경쟁의 심화 속에서 국제·지역질서의 '불확실성'이 크게 증가하고 있다는 점이다. 이런 상황은 무엇보다 미-중 전략 경쟁의 향방에 대한 '비예측성'으로부터 초래된다. 누구도 미-중 경쟁이 앞으로 어떤 형태로 전개될지, 도대체 얼마나 지속될지, 종국적으로 누가 승리할지 등의 문제에 대해 확신을 갖고 있지 못하다. 더욱이 가치외교, 동맹외교, 중산층외교를 강조하며 집권한 미국 바이든 정부는 미-중 경쟁을 민주주의 대 권위주의의 대결로 규정함으로써 소위 '체제경쟁'의 성격을 부여하고 있다. 이런 점에서 트럼프 정부 시기부터 본격화한 미-중 전략 경쟁은 바이든 시기에 이르러서도 타협과 완화의 길이 아닌 대결과 심화의 길을 가고 있다고 할 수 있다.

이와 함께, 글로벌 차원에서 나타나고 있는 일련의 부정적 요인들도 각각 그리고 복합 작용을 통해 국제질서의 불확실성과 유동성을 크게 확대시키고 있다. 이를테면, 2019년 말부터 시작된 코로나19의 대확산과 그 장기화는 국제사회에 커다란 피해를 입혔다. 이 같은 전례 없는 규모의 감염병 위기는 그 대응 과정에서 강하고 효율적인 국가의 역할에 대한 수요를 확대시켰다. 이 때문에 국제사회에서는 생존을 위한 각자도생과 배타적 민족주의의 강화, 민주주의의 퇴행과 권위주의의 확대, 전통적 주요 강대국의 국제 리더십 손상과 기존 국제질서에 대한 회의와 같은 예기치 못했던 부작용이 초래됐다. 그뿐만 아니라 기후변화와 4차 산업혁명 등도 국제사회에 새로운 도전을 야기하고 있다. 이러한 상황은 국제질서의 재편·전환을 가속화하고 있으며, 이른바 '혼돈의 국제정치'가 향후 더욱 확대 재생산되지 않을까하는 두려움을 촉발하고 있다.

2. 전환기적 국제질서 하 한국의 외교 패러다임 전환 필요성

현재의 국제정치 상황은 한반도에 심각한 외부로부터의 압력이자, 우리에게 오랜 지정학적 트라우마를 재소환하고 있다. 한국은 현재 '동맹'과 '전략적 동반자'의 형식으로 미·중 모두와 밀접한 관계를 맺고 있으며, 소위 '선택 강제의 압력'에 직면해 있다. 미국과 중국 간 전략 경쟁의 와중에서 우리는 언제든 이 싸움에 직접 연루될 수 있으며, 장기적으로 강대국 경쟁의 비용을 부담하는 존재가 될 가능성이 있다. 이런 점을 고려해 본다면, 반대로 우리가 모색해야 할 대안은 강대국 경쟁에 대한 연루와 희생의 최소화를 위한 중장기적인 전략을 수립하고, 안정적인 대외환경을 조성하는 데 그 핵심이 있다.

이 때문에 한국 내에서는 전환기적 국제질서로부터 비롯된 난관들을 돌파해 나갈 방안들을 모색하기 위한 다양한 시도들이 이뤄지고 있다. 그동안의 논의들은 대체로 미국과 중국 사이에서 한국이 전략적으로 어떤 입장과 태도를 취해야 하는가의 문제에 집중돼 있다. 즉, 한국이 그동안 미-중 사이에서 구사해온 기존 전략을 상황의 변화에 맞게 어떻게 재구성할 것인가에 초점을 맞추고 있는 것이다.

그러나 현 시기 한국이 적실성 있는 외교 전략을 만들어 내기 위해서는 무엇보다 외교 패러다임 전환에 대한 시대적 요구에 주목할 필요가 있다. 현재의 전환기적·과도기적 국제질서는 분명 우리에게 큰 혼란을 야기하고 있다. 하지만 변화의 과정은 늘 도전과 함께 기회도 동시에 제공한다는 점을 명심해야 한다. 이런 점에서 한국은 기존의 약소국 콤플렉스에 기초한 수동적 국제정치관과 과감히 결별해야 한다. 오히려 평화와 번영을 위해 우호적인 질서의 창출을 모색해보려는 원대한 포부를 가져야 한다. 물론 이를 위해 자신의 역량에 대한 냉정하고 객관적인 평가가 선행되어야 할 것이며, 국제질서 재편 과정의 유동성을 고려한 적극적·능동적 세계관을 토대로 한 외교 패러다임 전환이 절실하다.

진영론, 편승론, 동맹론이 해방 이후 한국 외교의 기저를 형성해온 주요 담론으로서 큰 영향을 미쳐왔음은 주지의 사실이다. 어쩌면 현대 한국의 외교사는 진영 대결의 전장 위에서 약소국이었던 한국이 생존을 위해 동맹이라는 틀을 통해 미국이라는 강대국에 편승해온 역사적 궤적일지도 모른다. 무엇보다 진영론, 편승론, 동맹론은 별개가 아니라 깊은 논리적 연계성을 가지며, 무엇보다 이 담론들 안에 '힘의 논리'와 '생존 담론'이 단단한 토대를 형성하고 있다는 데 주목할 필요가 있다. '힘'과 '생존'의 논리는 분명 긍정적 효용이 있지만 그것으로의 지나친 경사가 인식과 행위 두 측면에서 국제·지역질서의 동학을 대하는 한국의 능동성을 크게 제약할 수도 있다는 점에 주의가 필요하다. '힘'과 '생존'에 대한 매몰과 강박이 오히려 우리의 생존과 번영에 오히려 질곡이 될 수도 있기 때문이다.

기존 담론의 논지에 따르면, 지구적 차원의 두 강대국인 미국과 중국이 본격적인 경쟁에 착수한 이상 국제·지역적 범위에서 진영 구도의 형성은 불가피할 수밖에 없다. 이런 상황에서 한국은 상대적 약소국으로서 70여 년 전부터 행해왔던 같은 선택을 할 수밖에 없다는 결론에 도달한다. 그러나 누구도 전도를 쉽게 전망하기 어려운 전환기적·과도기적 국제질서 하에서, 몰라보게 달라진 국제적 위상을 가진 한국이 진정 자신의 생존과 번영을 위해 과거와 똑같은 선택을 해야만 하는지 의문이다.

더욱이 불확실성과 유동성이 크게 확대된 현 상황에서 위 담론들이 한국의 신장된 국제적 위상을 고려할 때 우리 외교의 작동 원리로서 여전히 유효한지 진지하게 고민해볼 필요가 있다. 무엇보다 이들 담론이 국제정치와 국제질서를 대하는 고정적이며 수동적인 관점과 시선의 문제를 제기할 수 있을 것이다. 만약 국제정치와 국제질서가 고정된 것이 아니라 끊임없이 변화하는 동적 현상이라면, 그것을 바라보는 우리의 시선과 관점도 마찬가지여야 할 것이기 때문이다.

여기서 노태우 정부의 북방정책을 떠올려볼 필요가 있다. 당시 한국은 냉전에서 탈냉전으로 이행하는 과도기적 국제정세를 중요한 기회의 시기로 인식했다. 또한 한국은 1988년 서울올림픽의 성공적 개최 등 국력 신장에 대한 자신감을 바탕으로 적극적·능동적으로 이른바 사회주의권 국가들과 외교관계를 구축해나갔다. 이를 통해 한국은 기존의 협소한 외교적 지평을 혁신적으로 확장하는 성취를 거뒀다. 이런 점에서 노태우 정부의 북방정책은 한국 외교의 소중한 유산이자 자산으로 평가할만하다.

3. 한국 외교의 '다변화'수요와 러시아의 '전략적 가치'

한국은 미-중 전략 경쟁이 나날이 심화하는 가운데 확고하고 뚝심 있게 외교의 '다변화'를 추구할 필요가 있다. 한국 외교는 냉전기와 탈냉전기를 거쳐 오면서 불가피하게 미국과 중국에 지나치게 치우쳐왔다. 하지만 현 시기 두 국가 간 경쟁이 본격화하는 과정에서 발생할 수 있는 우리의 소모와 희생을 방지하기 위해서라도 이로부터 어느 정도 거리를 두는 것이 현명해 보인다. 이런 점에서 미-중 전략 경쟁에서 선택을 강요받고 있는 많은 나라들과 적극적으로 '연대'(solidarity)를 모색하고 이를 강화하기 위한 노력을 기울여야한다. 이는 한국 외교의 총체적 유연성뿐만 아니라, 미국과 중국 사이에서의 유연한 운신에도 소중한 자산이 될 것으로 기대된다. 이를 통해 중장기적으로 역내 진영구도의 완화 또는 종식, 그리고 한반도의 평화와 번영에 유리한 구조적 환경의 조성도 가능할 것이다. 이런 점에서 한국 외교의 다변화는 이제 '선택'이 아니라 '당위'의 문제이며 흔들림 없이 지속되어야 할 핵심 과제이다.

특히 한국 외교의 협력과 연대의 대상으로서 다음의 몇 가지 러시아에 대한 오해와 착시를 극복하고 전략적 가치를 재평가할 필요가 있다.

첫째, 국제·지역 차원의 강대국으로 복귀한 러시아의 국가 위상을 재인식·재평가할 필요가 있다. 러시아는 소련 붕괴 이후 체제전환 과정에서 극도의 정치·경제적 혼란을 겪으면서 냉전기 제2세계를 이끌던 위상과 영향력을 크게 상실한바 있다. 하지만 2000년 푸틴이 '강대국 러시아의 복원'을 기치로 집권한 이후 사회·경제적 측면에서 질서와 안정을 상당 부분 회복했다.

실제로 러시아는 '공세적 방어주의'를 재가동하며, 적극적으로 종축과 횡축으로 기동 중이다. 러시아는 그동안의 현상유지 정책이 오히려 자국의 영향력 침식을 초래했다는 반성에 기초하여, 지역적 차원에서 더욱 적극적이고 공세적인 영향력 확대 정책을 모색하고 있는 것이다. 러시아는 지역적으로 전통적 영향력 지대인 유라시아 대륙의 구소련 소속 국가들을 중심으로, 중동(시리아, 이란, 터키, 사우디아라비아, 이스라엘), 아프리카(수단, 중앙아프리카공화국, 리비아), 서남아시아(인도, 베트남, 파키스탄 등), 중남미(쿠바, 베네수엘라) 등 사실상 지구 전 대륙에서 활발한 동맹·우방 네트워크 형성을 추구하고 있다.

이처럼 두드러진 영향력 확대 현황에도 불구하고, 한국 내에서는 여전히 러시아를 '몰락한 제국', 경제적 후진국으로 인식하는 경향이 강하다. 즉, 러시아의 국제적 위상이 크게 변화했음에도 불구하고, 우리의 상대에 대한 인식은 상당 부분 과거에 머물러 있으며, 이 때문에 한국 외교 전략의 입안과 구사의 측면에서 러시아의 전략적 가치를 부당하게 평가절하하고 있는 것이다. 효율적이고 바람직한 외교 전략을 수립하기 위해서는 우리 앞에 펼쳐진 전략 환경과 한국 외교의 대상국들에 대한 공정하고 객관적인 평가가 필수적이다. 이런 점에서 러시아의 전략적 가치에 대한 재인식·재평가가 절실하다고 말할 수 있다.

둘째, 중국과 러시아 사이의 전략적 제휴가 변화 불가능한 역내 세력관계 함수의 상수이며, 이는 결국 역내 진영 구도의 고착화를 초래할 것이라는 오해를 불식할 필요가 있다. 양국 간 제휴는 반(反)미/반(反)패권주의연합 구축에 대한 정치적 수요에 따른 결과로써 그런 점에서 충분히 '전략적'이라 칭할만하다. 실제로 양국은 이런 수요에 기초하여 1990년대 중반 이후부터 꾸준히 양국관계를 발전시켜 왔으며, 2019년 이른바 '신시대 전면적·전략적 협력 동반자 관계'라는 최고 수준의 양자관계를 선언한바 있다. 푸틴과 시진핑이 이끄는 러시아와 중국의 기존 체제가 앞으로 상당 부분 지속될 가능성이 크다는 점도 양국 간 제휴의 견고성을 보장하는 핵심 요인이다.

하지만 양국이 '대안 국제질서의 상'에 대한 인식과 전략에 있어서의 괴리를 비롯해 전략적 제휴의 지속에 있어 여러 갈등 요인도 동시에 갖고 있다는 점에 유의할 필요가 있다. 이를 테면, 중국의 북극항로에 대한 전략적 관심("near Arctic" state), 19세기 외만주 이양 관련 영토 문제, 중앙아시아에서 중국의 입지 확대, 러시아의 인도에 대한 무기 판매, 벨로루시에 대한 중국의 무역·투자 확대, 중몽러 경제회랑을 통한 중국의 몽골에 대한 영향력 확대, 러시아의 베트남과의 협력 확대 등이 양국 간 이해가 엇갈리는 대표적 사례들이다.

특히 러시아의 중국에 대한 과도한 경제적 의존, 2012년부터 본격적으로 추진 중인 '신동방정책'의 전략적 방향도 고려할 필요가 있다. 러시아는 국제질서의 중심이 기존 유럽·대서양에서 아시아·태평양 지역으로 빠르게 옮겨지고 있는 상황에 적극적인 대응을 모색 중이다. 그 과정에서 푸틴 집권 3기 이후 이른바 '신동방정책'을 본격화하고 있고, 중국, 한국, 일본 등 동북아 주요국과의 협력 증진을 모색하고 있는 상황이다. 다만, 러시아는 2014년 크림 병합 이후 다른 역내 국가들에 비해 중국과의 경제 협력 비중이 커지고 있는 데 대해 우려를 갖고 있다. 무엇보다 그동안 중러 관계에서 수평적 성격이 지향·유지돼 왔으나, 중국의 급속한 부상에 따라 양자관계에 위계가 발생할 가능성도 주목해 보고 있다. 더욱이 러시아가 취약한 동부 영토의 안보·경제적 현황을 고려할 때 역내 진영 구도의 완화에 큰 관심을 갖고 있다는 점도 중요하다. 따라서 러시아에게도 이른바 '관계의 다변화'는 매우 절실한 과제이며, 우리로서는 이런 점을 잘 활용하기 위한 노력이 중요하다.

셋째, 러시아가 역내 대(對)미연합전선 구축에 더 큰 의미를 부여하며 북한의 핵·미사일 개발을 사실상 묵인하고 있다는 편견을 불식할 필요가 있다. 러시아는 지난 30여 년간 북한 핵문제와 관련하여 일관된 입장을 견지해왔으며, 제한적 역내 입지에도 불구하고 긍정적 역할을 수행하기 위한 노력을 경주해왔다. 잘 알려진 것처럼, 러시아는 미국과 함께 국제 핵레짐(핵비확산체제)를 형성·유지시켜온 핵심 주체로서 전세계적 범위에서 북한을 포함해 어떤 형태의 핵 확산에도 단호히 반대한다는 것을 기본 입장으로 삼고 있다.

더욱이 러시아는 북한의 핵·미사일 프로그램의 고도화 과정에서 동북아 지역 내의 군사적 긴장이 고조되고, 군비경쟁이 심화하고 있는 데 대해 깊은 우려를 갖고 있다. 앞서 언급한 것처럼 상대적으로 동부 영토의 안보·경제적 상황이 상대적으로 취약한 여건에서 북한 핵·미사일 문제를 매개로 한 역내 긴장 고조와 군비경쟁 확대는 러시아에 여러모로 부담스런 도전 요소라 할 수 있다. 특히 북핵 문제의 해결과 관련하여, 러시아는 직접적인 대북 군사 압력이나 제재가 아닌 평화적이며 정치·외교적 방법으로 해결을 도모해야한다는 입장을 견지하고 있다. 또한 러시아는 '다자적 틀'에 입각한 북핵 문제 해결 필요성과 이를 역내 다자안보협력체 형성의 계기로 삼자고 주장하고 있다. 한반도와 동(북)아시아 차원의 평화와 번영을 추구하고 있는 우리로서는 이러한 러시아의 입장이 북핵 문제의 해결과 역내 진영 구도의 완화 측면에서 여러 활용 가치를 갖는다는 데 주목해야 한다.

4. 대(對)러시아 협력 과정에서 고려할 문제들

향후 한국이 러시아와 협력 또는 연대를 추진해감에 있어서 다음과 같은 문제들을 고려할 것을 제언코자 한다.

첫째, 동북아 주요국의 현 전환기적 국제질서에 대한 인식과 대응 구조를 잘 활용할 필요가 있다. 겉으로 보기에 미-중 경쟁의 심화 과정에서 한일은 미국과의 동맹관계를 주축으로, 북러는 중국과의 준동맹관계를 주축으로 불가피하게 경쟁·대결 관계를 형성하고 있는 것처럼 보인다. 하지만 한국, 북한, 러시아, 일본 모두 속으로는 '주축+α'에 대한 고민, 즉 전략적 자율성과 독자성을 확보하기 위한 공간 탐색에 대한 고민과 과제를 갖고 있다. 우리가 발 딛고 서있는 역내 환경과 국가 간 관계 구조는 냉전기의 그것처럼 획일적으로 구획되거나 고정된 것이 아니다. 심지어 첨예한 경쟁의 와중에서도 미국과 중국조차도 다양한 연성 이슈와 관련하여 협력을 추구하고 있는 형편이다. 이런 점에서 상대적으로 국력이 취약한 한국으로서는 중장기적으로 미-중을 제외한 주요 4개국이 함께 희구하는 이른바 '+α'를 적극적으로 수렴하려는 노력을 기울여야 한다. 그렇지 않고서 동북아시아 지역 내 진영 구도의 완화 또는 해소는 요원할 뿐이기 때문이다.

둘째, 갈등의 회피보다는 관계의 밀도를 높이는 것이 더욱 중요하다. 한-러 관계는 1990년 관계정상화 이후 그동안 다른 국가들에 비해 상대적으로 두드러진 갈등이 적었던 사례이나, 이는 반대로 생각해보면 그만큼 관계의 밀도가 높지 않았다는 것을 의미하기도 한다. 러시아의 독일, 프랑스, 일본, 터키, 인도 등과의 관계를 보더라도 결국 모든 관계는 협력과 갈등을 동시에 수반할 수밖에 없다. 오히려 관계의 밀도를 높여가기 위한 의지(일본, 인도), 그리고 갈등의 발생 시 양국 간 이해관계를 합리적으로 고려하여 조정하는 능력(터키, 독일)이 중요하다고 할 수 있다. 이런 점에서 한국은 일본의 아베, 터키의 에르도안, 인도의 모디, 독일의 메르켈 정권의 대(對)러 정책을 잘 분석해볼 필요가 있다.

셋째, 국가 간 관계에서 '상호의존의 고리'가 갖는 중요성에 주의를 기울여야 한다. 냉전 시기부터 소련과 유럽을 잇는 가스관은 양 세력 간 협력의 제고와 긴장의 완화에 적지 않은 기여를 해왔으며, 이런 경향은 지금까지도 이어지고 있다. 특히 독일과 러시아는 미국의 지속적인 반대와 나발니 사태 등 여러 양국 간 갈등 요소에도 불구하고 '노드스트림2'의 완공한 바 있다. 이런 점에서 남북한의 개성 공단 폐쇄와 연락사무소 폭파 등과 같은 '상호의존의 고리'파괴 사례를 냉정하게 되짚어볼 필요가 있다. 동시에 미-중 대립의 격화 속에서 북한은 물론 주변국들과 적극적으로 '상호의존의 고리'를 형성하려는 노력이 필요하다.

이와 관련하여, '노드스트림2'사업을 완료하기 위해 독일이 취했던 전략적 태도에 주목해야 한다. 독일은 핵심 동맹국이자 세계 최강국인 미국의 '노드스트림2'사업 폐기에 대한 압력에 매우 효과적으로 대응했다. 독일은 미국에 순수한 경제적 관점에서 러시아와 '노드스트림2'사업을 추진해왔음을 지속적으로 강조했다. 또한 바이든 행정부의 우선 관심 사안인 기후 문제에 대한 근본적 대처를 위해 중장기적 관점에서 불가피하게 해당 사업을 추진할 수밖에 없다는 점을 진지하게 설득했다. 이처럼 독일의 이익과 가치의 문제를 대하는 유연한 태도는 자국의 국가이익 달성은 물론 미국이 해당 사안에서 명예롭게 입장을 바꿀 수 있는 명분으로 기능했다.

넷째, 북한 핵문제 해결에 있어 러시아의 긍정적 기여를 도모해야 한다. 지난 6.16 제네바 미러 정상회담에서 재차 확인됐듯, 악화된 미러 관계 속에서도 글로벌 전략적 안정 문제(군축), 이란과 북한 핵

문제의 해결은 양국 간 협력의 유인이 가장 큰 영역이었다. 사실 북핵 문제 해결을 위해 합의(조약의 체결)도 중요하지만, 합의의 법적 구속력과 이행의 지속성을 확보하는 문제도 큰 의미를 갖는다. 이런 점을 고려할 때 비핵화 프로세스의 어느 시점에서 역내 이해당사국들의 참여는 불가피함과 동시에 필수적 요소라 할 수 있다. 오히려 우리로서는 이해당사국의 주요 단계별 참여와 역할 로드맵을 마련하고, 상대국과의 전략적 소통을 통해 효과적으로 설득할 필요가 있다. 여기서 국제 핵레짐의 유지에 대한 의지, 유엔안보리 상임이사국(P5), 남북한 모두와 우호적 관계 형성 등과 관련한 러시아의 특수한 위상과 역할이 긍정적으로 발현될 수 있도록 유도해야 한다.

다섯째, 지난 5월 한미 정상회담에서 합의된 미사일 지침 종료에 대한 러시아의 우려를 기회로 활용해야 할 것이다. 한국의 미사일 주권을 제약해온 한미 미사일 지침이 종료됐으나 주변국들은 내심 한국의 미사일 능력 강화 가능성에 대해 여러 우려를 갖고 있다. 우리로서는 '자강'에 대한 논변과 함께 이로 인한 부작용을 해소하기 위한 '대안'을 동시에 제시함으로써 실리와 명분을 동시에 추구해야 한다. 이를 테면, 주변국들이 첨예한 군비경쟁을 벌이는 상황에서 한국만 이상적 낙관론에 기초하여 군사적 준비 태세를 방기할 수 없다는 점을 강조해야 할 것이다. 동시에 한국은 '안보 딜레마'의 위험을 줄이고 역내의 지속가능한 평화와 안보를 보장하기 위해 협력안보, 즉 역내 다자안보체제 구축을 지지하고 적극 추진할 용의가 있다는 점을 적극적으로 피력해야 한다. 이런 점에서 역내 다자안보체제 구축과 관련하여 해당 사안에 대해 가장 의지가 강한 러시아와 적극적인 협력과 연대를 모색해야 할 것이다. 또한 비공식적 채널을 통해 미사일 지침 종료를 통해 한국이 일본과 달리 미국의 중거리 미사일을 배치하지 않게 됐다는 점도 강조할 필요가 있다.

유라시아 21

제3장

바이든 시대 미중경쟁과 한국 중앙아시아 협력

백 주 현 | 법무법인(유) 세종

1. 바이든 행정부 출범과 기후변화 협약

미국의 46대 대통령 바이든(Joseph R. Biden)은 취임 직후 파리기후협약(Paris Agreement) 재가입을 공식화하였다. 그와 함께 국무장관 존 케리(John Kerry)를 미국의 기후특사(Special Presidential Envoy for Climate)로 임명하였다. 2015년 파리에서 서명된 후 트럼프 대통령의 탈퇴 선언으로 표류하던 기후변화협약이 이제 그 실행을 위한 본 궤도에 진입하였다.

지난 5년간 공교롭게도 미국에서는 산불, 혹한, 허리케인, 홍수, 토네이도 등의 대형 재난이 거세게 발생하였다. 미국 정부나 미국민들 사이에서도 이제는 기후변화와 온난화로 인한 자연재해를 방치해 놓을 수는 없다는 인식이 널리 공유되고 있다.

이에 대한 미국 정부의 구체적인 대책도 발표, 시행되고 있다. "지난 3월 31일에는 2조 2,500억 달러(약 2,500조원) 규모의 인프라 투자 계획 중 상당부분을 그린인프라 관련 사업에 투자할 것임을 확정하였고, 4월 21일 지구의 날을 맞으며 2035년까지 발전분야에서의 탄소중립, 그리고 2050년까지 국가적 탄소중립(Net-Zero)이라는 장기 목표들과 더불어 2030년 온실가스 배출을 2005년 수준 대비 절반으로 감축하겠다는 목표를 재확인하면서 이전 녹색경제(Green Economy)를 주창했던 오바마 정부보다도 훨씬 강력한 기후 변화 대응 정책 기조들을 공식화하였다."

"최근 에너지경제연구원 세계 에너지시장 인사이트에 따르면, 바이든 대통령은 교량과 도로 건설 등 수송부문과 전기자동차 관련 투자에 6,200억 달러, 전력망 개선 등 유틸리티에 2,660억 달러, 제조업에 3,000억 달러를 각각 투입한다는 계획이다. 또한, 건물 개선에 2,860억 달러, 주택 및 노인과 장애인을 위한 지역 사회 지원에 4,000억 달러가 투입된다. 특히 전기자동차 관련 인프라 구축과 전력망 강화, R&D 등 청정에너지 관련 부문에 3,500억 달러 이상이 투입된다. 자국 내 전기자동차 공급 체인과 제조 설비 확보, 2030년까지 전기차 충전소 50만개 구축, 전기자동차 구매자에게 세제 혜택 제공 등 전기자동차와 관련된 부문에 1,740억 달러가 투입된다. 청정에너지 생산 및 저장 프로젝트에 제공되는 세액공제 혜택을 확대·연장하는 계획에도 약 4,000억 달러가 투자될 계획이다. 바이든 대통령은 이번 계획 실행 재원을 마련하기 위해 미국 법인세율을 21%에서 28%로 인상했다. 또 화석연료 생산 기업을 위한 세금 면제 프로그램을 종료하기로 했다. 다국적 기업의 조세 회피를 막기 위해 세계 최저 법인세율을 13%에서 21%로 상향하는 안도 제시했다. 한편, 조 바이든 미국 대통령은 자국 내 해상풍력산업 발전 및 일자리 창출을 위해 2030년까지 해상풍력 발전설비용량을 30GW 확대하겠다고 밝히며, 이를 위해 정부 각 부처 간 공조 계획을 담은 행정명령을 발효했다."[20]

강력한 기후변화 대응 정책은 이전 트럼프 대통령과는 차별화되는 여러 정책 분야들 중에서도 가장 확연한 차이를 지니는 바이든 행정부의 핵심 정책으로 꼽히고 있다. 특히 미국 경제의 재건과 일자리 창출과 연계되어 있는 탄소중립과 에너지 전환은 바이든 행정부의 막대한 인프라 투자계획의 핵심에 놓여 있다. 아울러 국가안보 차원의 의제로 다루고 있는 미국은 기후변화 대응을 위한 국제협력에서 다시 과거의 외교력과 지도력을 행사하고 있다.

"바이든 대통령의 소집 요청으로 40개 주요국 정상들이 참여하며 4월 22-23일 개최되었던 기후정상회의(Leaders Summit on Climate)는 바이든 시대 미국의 기후변화 리더십의 기점으로 여겨지면서 바이든 행정부의 등장은 기후변화 국제협력의 질서가 재정비되는 중요한 계기가 될 것으로 국제사회는 평가하고 있다."[21]

---

20 권선형, "바이든 美 대통령, 2.3조 달러 초대형 인프라 및 에너지 투자 계획 발표," 인더스트리뉴스, (2021.05.01).
21 최현정, "바이든 시대, 미국의 기후변화 정책과 쟁점," 아산정책연구원 외교안보센터 이슈브리프 Issue/Region, (May, 2021).

우리나라도 탄소중립위원회를 출범시키고 탄소중립 2050 시나리오를 준비 중이다. 탄소 배출 감축을 기하면서도 기존의 산업 체계와 구조를 최대한 활용하여 연착륙하는 방안이 강구되고 있다.

탄소배출을 감축하는 방안으로 석탄발전소 감축과 LNG발전소 건설, 탄소포집 이용 및 저장, 철강업 용광로 전부를 전기로로 전환하고, 석유화학·정유업은 전기 가열로를 도입하거나 바이오매스 보일러로 교체하며, 전력 다소비 업종의 에너지 효율 향상, 전기·수소차 보급률 제고, 메탄과 아산화질소 발생을 억제하는 영농법 개선, 식단 변화와 대체 가공식품 확대 등 식생활 개선, 산림 관리 강화를 통해서 온실가스를 흡수, 목재의 건축재로 사용 확대, 수소에너지의 사용 확대 등이 추진되고 있다.

2. 미-중 간 경쟁과 글로벌 인프라 투자 계획

트럼프 대통령 시절부터 본격화된 미-중 간의 전략적 경쟁과 갈등은 COVID-19을 둘러싸고 첨예해졌다. 코로나 백신 개발부터 글로벌 인프라 구축에 이르기까지 양국의 경쟁과 견제가 본격화되고 있다.

미국정부는 백신 개발 지원계획인 '초고속 작전'에 14조원 투입(한국 680억원)하였다. 화이자, 모더나 등이 세계 최초로 코로나 관련 백신을 양산하여 전 세계에 보급하였고, 팬데믹 치유에 기여하고 있다. 중국도 시노백 등의 백신을 개발하였으나 신뢰도 저하로 깊은 관심을 받지는 못하고 있다. 게다가 코로나의 발병지로서 WHO의 조사에도 소극적으로 대응하여 국가신인도도 하락하고 있다.

미국 등 G7국가들은 금년 개최된 G7정상회의에서 저소득 및 중소득국가에 2035년 까지 40조 달러 인프라 구축 지원(Build Back better World: B3W)을 하기로 결정하였다. 기후변화, 공중보건, 디지털 기술 등이 주요 대상 분야이다.

"미국 주도로 주요 7개국(G7) 정상들이 중국의 경제 영토 확대 구상인 '일대일로(一帶一路)'에 대항해 글로벌 인프라 투자를 위한 파트너십 구축에 합의했다. 미·중 간 패권 경쟁이 격화하는 가운데 미국의 대(對)중국 봉쇄 전략에 주요 선진국이 뜻을 함께했다는 의미가 있다. G7 정상들은 중국의 덤핑 수출 문제 등에 공동 대응이 필요하다는 점에도 합의한 것으로 전해졌다.
미국 백악관은 바이든 대통령이 영국 콘월에서 열린 G7 정상회의에서 중국에 대한 전략적 경쟁 방안을 논의하며 글로벌 인프라 투자 구상인 '더 나은 세계 재건(Build Back better World: B3W)'출범에 합의했다고 밝혔다. B3W는 바이든 대통령의 대선 캠페인 '더 나은 재건'에서 따온 명칭이다. 미국 등 선진국이 주도해 개발도상국의 인프라 개발 요구에 부응하려는 것이다.

백악관은 "2035년까지 개도국이 필요로 하는 40조 달러 규모의 인프라 투자를 돕기 위해 G7을 비롯한 주요 민주주의 국가가 나선 것"이라며 "높은 기준의 가치를 지향하는 투명한 인프라 파트너십"이라고 설명했다. 다만 운영 방식과 투자 규모 등은 아직 정해지지 않았다. 민간 업체들을 참여시킨 프로젝트 파이낸싱 등을 통해 수천억 달러의 투자가 이뤄질 것이란 전망이 나오고 있다. 뉴욕타임스는 "그 규모와 야심은 2차 세계대전 후 유럽 재건을 위해 미국이 진행한 '마셜플랜'을 넘어선다'고 평가했다."[22]

B3W정책은 중국의 '일대일로 정책'에 대항하는 성격이 강하다. 그렇다면 미국의 계획은 중국의 일대일로 정책과 더불어 중앙아시아 국가들에게는 양손의 떡이 될 수 있을까?

미국의 계획에 대응하여 중국은 업그레이드된 일대일로 투자 확대로 미국을 본격적으로 견제하기 시작하였다. 말련 태양광 패널공장 건설(12조원) 등으로 아세안에 대한 미국의 영향을 차단하고, 코로나 19 백신 공급, 탈탄소 지원 협력도 본격화한다. 그동안 일대일로 정책은 저수익성 사업과 부채함정(debt trap) 문제가 심각하여 거부하는 국가들의 수가 급격히 증가하는 추세였다.

3. 중앙아시아 국가들의 외국인투자 유치 성과

1991년 소련방이 붕괴 되었다. 연방이 붕괴되고 중앙아시아에도 5개의 독립 국가들이 탄생하였다. 새로운 국가를 건설하는 과정에서

---

22 안정락, "G7 '글로벌 인프라 투자 파트너십 구축'…中 '일대일로에 맞불," 한국경제, (2021.06.13.).

공통점과 차이점이 있었다. 중앙아시아 국가들은 이슬람교를 종교로 하지만 대부분의 국가들이 세속적 이슬람 국가들이다. 종교가 정치, 경제나 국민들의 삶을 지배하는 것을 허용하지 않았다.

역사상 처음으로 부여된 독립국가로서 국가 건설에 집중했다는 점도 중앙아시아 5개 국가들의 공통점이다.

국가 건설 과정에서 중앙아시아 대부분의 국가들은 축적된 자본과 기술 부족 상태를 극복하기 위한 외국인 투자 유치를 위해 다양한 조치들을 취해 나갔다.

그 결과 부존자원을 최대한 사용하고 외국인 투자를 활용한 우즈베키스탄과 투르크메니스탄은 많지는 않지만 자동차 생산 공장이나, 석유화학 단지를 새로 건설하거나 현대화하는 성과를 달성하였다. 이에 반해 카자흐스탄은 상대적으로 풍부한 부존자원에 비해 괄목할만한 프로젝트가 별로 없다. 텡기즈유전에 미국 쉐브론사의 투자를 유치하여 만든 텡기즈쉐브로일(TCO)이 거의 유일한 성공적 프로젝트일 것이다. 그렇다면 독립 직후부터 과감한 개혁개방 정책과 다민족간 평화공존 정책을 추진하면서 국제 사회의 호의적 반응을 받아온 카자흐스탄은 왜 외국인 투자 유치 정책에 실패했는가?

카자흐스탄은 국비장학생 제도인 '볼라샥'을 통해 미국, 영국을 비롯한 세계 유수대학에 우수한 학생들을 유학 시켜 미래 인재 양성에도 힘을 기울였다. 그러나 그들은 공부를 마치고 돌아온 자기 나라에서 적절한 일자리를 찾지 못하고 다시 출국하는 사례가 많았다. 석유, 가스 개발하는 사업 이외에는 별다른 산업이 발전하지 못했기 때문이다.

우리 기업들도 2014년까지는 아티라우 석유화학 단지, 발하시 석탄화력발전소, 카스피해 해상광구 등의 사업에 투자했지만 2014년 이후 대부분 철수하였다.

카자흐스탄은 러시아와 함께 유라시아경제협력체의 회원국인데, 2014년 러시아의 크림반도 합병 이후 미국과 유럽연합의 대러 경제 제재조치에 간접적인 충격을 받았다. 환율은 급등하였고 외국인 투자자들은 떠나갔다. 기업인들은 카자흐스탄의 투자 환경이 비우호적이라고 평가하며, 산유국 특유의 자존심과 유연하지 못한 기업정책을 지적한다.

독립 30년을 맞이한 중앙아시아 국가들은 이제 또 다른 도전에 직면해 있다. 화석 연료에 전적으로 의존하는 경제는 발전하는 데 한계가 있다는 것이다.

금년 들어 유가와 가스 가격이 급등하고 있다. 코로나 상황의 종료를 앞두고 에너지 수요가 늘어난 반면 지난 수년간 투자 유보로 국제적인 에너지 수급의 불균형 현상이 나타나고 있는 것이다. 이러한 상황은 카자흐스탄 같은 산유국들의 재정을 일시적으로 여유 있게 만들어 주겠지만, 이와 같은 기회를 활용하여 탈탄소 경제로의 전환에 힘써야 할 때이다. 카자흐스탄은 2017년 아스타나 엑스포의 슬로건으로 '미래 에너지(future energy)'를 주창하였지만 넷제로 시대로의 구체적인 이행 계획은 보이지 않는다.

4. 네트제로 시대의 한·중앙아시아 경제협력 패러다임

미국의 과감한 탈탄소 경제 발전 계획은 국제 경제 질서의 대변화를 예고하고 있다. 국제금융자본도 이러한 방향 변화에 반응할 것이다. 이미 탄소를 다량 배출하는 석탄화력발전소 등의 프로젝트에 대해서는 투자를 철회하는 사례들이 곳곳에서 발생하고 있다.

미국의 대표적 자산운용회사인 블랙록(Black Rock)은 기후변화 시대 투자에 대한 엄격한 기준을 설정하였다. 지속가능성을 중시하는 노력 중의 하나로 발전용 석탄 생산업체에 대한 투자를 회수하고 있다.

"발전용 석탄은 매우 탄소 집약적이며, 경제적 유효성이 점점 떨어지고 있으며, 환경에 미치는 영향 때문에 집중적인 규제를 받습니다. 글로벌 에너지 전환 과정의 가속화를 고려할 때, 장기적인 경제 또는 투자 논리 측면에서 이 섹터에 대한 지속적 투자는 정당화될 수 없다고 생각합니다. 그 결과, 저희는 매출의 25% 이상을 발전용 석탄 생산으로부터 얻는 기업들의 상장증권(채권과 주식 모두)을 액티브 일임투자 포트폴리오에서 매도하는 과정 중에 있으며, 이러한 조치를 2020년 중반까지 완료할 계획입니다. ESG 리스크가 높은 섹터에 대한 평가 프로세스의 일환으로, 저희는 발전용 석탄에 크게 의존하는 다른 기업들도 면밀하게 조사하여, 해당 기업들이 발전용 석탄에 대한 의존을 줄이려는 노력을 얼마나 효과적으로 수행하고 있는지 파악할 것입니다. 또한 블랙록의 대체투자 부문은 매출의 25% 이상을 발전용 석탄 생산으로부터 얻는 기업들에 대한 직접 투자를 앞으로 하지 않을 것입니다."[23]

중앙아시아 국가들로서는 외국인 투자를 유치해서 국가 경제를 발전시켜나가기 어려운 상황이 발생한 것이다. 에너지 분야 의존도가 높은 경제의 한계가 노정되고 있다.

2021년 8월 토카에프 카자흐스탄 대통령 국빈 방한 결과를 보면 국제경제 상황 변화가 많이 반영되어 있음을 알 수 있다. 코로나 상황에서 이루어진 예외적인 외국 정상의 방한이었는데 우리의 '한국판 뉴딜 정책'과 카자흐스탄의 '국가발전계획'을 조화롭게 접목하여 4차 산업혁명, 기후변화, 환경 등과 관련된 협력 확대 방안이 집중 논의 되었다. 우리나라가 전기차 시대에 필수적인 2차 배터리 산업 선도국임을 감안하여 카자흐스탄은 이에 필요한 광물들을 개발해 공급할 의향을 보였다. 전기차 조립, 전기차 인프라 구축, 전기차 배터리 생산 분야에서도 협력하기로 하였다.

기후변화에 대한 공동 대응과 전자정부, 전자결재 시스템, 핀테크 분야, ICT 협력 MOU를 바탕으로 빅데이터 분석, 스마트팜 온실 조성을 비롯한 농업, 방산, 산림, 물 산업, 우주, 교육, 교통·인프라 건설

---

23 블랙록, "블랙록의 새로운 투자 기준, 지속가능성," https://www.blackrock.com/kr/blackrock-client-letter.

분야 협력을 확대하기로 하였다."[24]

석유를 포함한 각종 광물 보유국으로서 유리한 위치를 점했던 카자흐스탄이 이제는 수요자를 찾아서 적극적으로 나서야 할 상황이다. 협력의 방향이 전면적으로 변화하고 있다.

우리나라와 중앙아시아 국가 간 주요 경제협력 프로젝트와 관련해 반드시 고려해야 할 새로운 이슈들도 등장했다. 탄소국경조정과 ESG경영이다.

2021년 7월 유럽연합은 탄소국경조정제도(CBAM)법안을 발표했다. 2013년부터 시범시행을 한 후 2016년부터 본격시행이라고 한다. 철강, 알루미늄, 전력, 비료, 시멘트가 대상 품목인데 외국의 제품 생산 과정에서 배출된 이산화탄소량에 대해 추가 비용(탄소국경조정세)을 부과한다는 내용이다. 현재 미국, 영국, 캐나다 등도 도입 추진 예정이다.

목적은 높은 규제를 받는 EU기업들의 경쟁력 저하를 막고, 규제가 적은 국가로 생산 설비 이전을 막을 수 있도록 하기 위함이다. 규제가 느슨한 국가(중국, 러시아, 인도 등)에서 EU로 수출하는 제품에 EU 역내 국가들이 부담하는 탄소 비용만큼 추가 비용을 부담시킴으로써 자국 기업들도 보호하고 탄소배출도 감축하는 것을 목표로

---

24 청와대, "카자흐스탄 대통령 국빈 만찬 관련 박경미 대변인 서면브리핑," 정책브리핑, 2021.08.17.

한다.

우리 기업들에게는 새로운 무역장벽이 될 수 있으며, 외국에 대한 투자 시 반드시 고려해야 할 사항이다. 이를 고려하지 않고 제3국에 대한 투자를 진행하는 과정에서 국제금융기관의 금융지원이 차단되면 프로젝트가 중단될 수 있기 때문이다.

또 하나의 이슈는 ESG경영이다. 국제금융시장에서는 투자 대상 기업의 환경, 사회, 기업지배구조 지표를 평가하여 불량한 기업에 대해서는 투자를 제한한다는 것이다. 환경오염과 이산화탄소 배출 억제, 원만한 노사관계, 근무환경개선, 생산자와 소비자 간의 소통과 사회적 기여가 국제 투자의 새로운 코드로 자리 잡기 시작하고 있는 셈이다.

우리나라는 기후변화에 대응하고 탈탄소 경제로의 이행을 위한 다양한 노하우를 보유하고 있다. 4차 산업혁명 시대의 주력 산업인 2차 배터리, 전기차, 수소에너지 분야에서도 강점을 보이고 있다. 카자흐스탄, 우즈베키스탄 등 중앙아시아 국가들의 광활한 국토와 부존자원은 신재생 에너지 산업의 발전을 위한 천혜의 조건이다. 이제 한국과 중앙아시아 국가들은 중화학공업, 유전개발 사업 등에서 4차 산업분야로 그 협력의 중심을 서서히 옮겨 가야할 때이다.

산업과 에너지 자원의 패러다임이 급속하게 변화하고 있는 것은 사실이다. 그러나 중국의 대형 정전사태에서 나타났듯이 기존의 사업구조가 하루 아침에 변화하기 어렵다는 것도 사실이다. 중앙아시아 국가들에게는 앞으로 10여 년의 시간적 여유가 있을 수도 있다. 그러나 준비 없이 막연한 낙관론에 빠져있다가는 급변하는 국제 정치, 경제의 소용돌이에 휩쓸려나갈 수 있다. 우리나라와 중앙아시아 국가 간의 협력 포럼 등 협력채널이 포스트 코로나를 대비하면서 수행해 나가야 할 과제가 많기도 하고, 힘겨워 보이기도 하는 상황이다.

유라시아 21

제4장

러중 전략협력과 유라시아질서의 미래: 한국의 기회와 제약

최재덕 | 원광대학교

1. 머리말

현 국제질서를 관통하는 키워드는 포스트 코로나 시대의 미-중 패권경쟁 양상이다. 코로나 팬데믹의 종식이 가시화되는 시점에서 러시아와 중국의 전략적인 긴밀화와 첨예한 미-중 간의 경쟁이 유라시아질서의 변화를 추동할 것으로 예상되는 바, 본고는 미·중·러 삼각관계 속에서 한국의 기회와 제약을 모색해보고자 한다.

2021년 미국의 바이든 행정부가 출범하면서 미중패권경쟁의 2막이 올랐다. 미국우선주의 기조 아래 무역 분쟁을 핵심 이슈로 삼던 트럼프 전 행정부와 달리 바이든 행정부는 집권 초기부터 인권, 기술, 이념, 안보, 군사 분야까지 전방위적인 대중 압박 전략을 전개하고 있다. 미국은 글로벌 공급망을 미국 중심으로 재편하고 있으며, 인도·태평양 전략의 실효성을 높이기 위해 인도의 적극적인 참여를 유도하고 동맹국들과의 연대를 강화하고 있다. 또한, 대만과 군사·안보 협력을 심화하고, EU, 영국, 캐나다가 동시에 중국 신장 위구르족 인권 탄압에 대한 제재와 공동 성명을 발표하는 한편 중국에 맞서는 호주를 적극적으로 지지하고 있다. 중국은 중화인민공화국 수립 100주년인 2049년까지 중국특색 사회주의 강대국 건설을 목표로 일대일로(一帶一路), 강군전략(强軍戰略), 쌍순환(雙巡環:dual circulation) 전략을 추진하는 한편 경제 협력을 통해 러시아와 이란을 비롯한 친중 국가를 규합하고 중국의 핵심이익을 침해하는 국가에 공세적으로 대응하면서 미중패권경쟁의 장기화에 대비하고 있다. 러시아는 중국과 유례없는 전략적 협력관계를 유지하면서 백신, 에너지, 무기 판매 및 군사훈련을 통해 유럽, 아프리카, 중동, 인도, 아시아로 영향력을 확대하고 있다. 러시아는 한국에 북방경제협력의 주요 파트너이자 남북한과 긴밀한 협력관계를 유지하는 국가이며, 한반도 평화프로세스를 지지하는 우호적인 국가로서 중요한 의미를 갖는다. 또한, 한국이 러시아와의 외교 강화를 통해 미중패권경쟁 심화로 형성될 수 있는 북·중·러 vs 한·미·일의 대결 구도를 방지해야 한다는 점, 에너지·철도·물류 등 다양한 분야의 한-러, 남·북·러 협력 가능성을 열어두어야 한다는 점, 과도한 북한의 정치적·경제적 중국 편중을 러시아를 통해 상쇄할 수 있다는 점 등 러시아가 갖는 전략적 가치를 고려할 때 한국은 유라시아질서와 러·미·중 삼각 구도 내에서 러시아의 역할을 역학적으로 파악하여 러시아와의 관계를 확대·강화해 나가야 할 것이다.

2. 유라시아 질서 내에서의 러중 협력과 갈등

사실상, 유라시아 내에서 긴 국경을 맞댄 두 강대국이 지금과 같이 친밀한 관계를 유지하는 것이 이례적이다. 러시아와 중국은 2019년 수교 70주년을 맞아 양국 관계를 '신시대 전면적 전략협력 동반자 관계'로 격상함으로써 미중패권경쟁 하에도 흔들림 없는 긴밀한 관계를 과시했다.[25] 러시아와 중국은 유라시아 범위 내에서 상호 영향력 확대에 대한 견제와 갈등을 유지하면서도 대외적으로 국제정치, 경제, 군사·안보 등에서 유례없는 전략적 협력관계를 유지함으로써 역외의 위협에 공동대응하고 있다. 러중은 일대일로·유라시아경제연합의 연계를 모색하고 러중연합군사훈련을 지속하고 있으며, 이란 핵 합의, 시리아 내전 개입, 북핵 문제 등 국제적 이슈에 대해 의견 일치와 상호 지지를 표명하고 있다. 중국과 러시아는 상하이 협력기구(SCO), 브릭스(BRICs), G20 정상회의, 아시아태평양경제협력체(APEC), 동아시아정상회의(EAS), 아시아·유럽정상회의(ASEM), 아시아교류 및 신뢰 구축 회의(CICA) 등 다자협력체 내에서 국제적 이슈에 대한 회원국의 의견을 주도하고 양국의 공동이익과 목표에 부합하는 방향으로 외교적 영향력을 확대하고 있다. 양국의 경제 협력은 2018년부터 러시아 서방 제재 이전의 교역액을 상회하여 최초로 교역액 1000억 달러를 돌파했으며 2024년까지 2000억 달러를 달성한다는 목표를 세우고 있다. 2019년 12월에는 파이프라인 건설에 합의한 지 15년

---

25 양국 관계는 2012년 푸틴 대통령 집권 3기 출범과 2013년 3월 시진핑 주석 취임 후 양국 관계가 확대·발전하였으며, 2017년 5월 푸틴 대통령 집권 4기와 동년 10월 시진핑 체제 2기 출범 이후 더욱 공고화·제도화되었다.

만에 양국을 잇는 '시베리아의 힘(Power of Siberia)'가스관이 개통되어 러시아는 30년 동안 중국에 매년 최대 360억 입방미터의 가스를 공급하고 있으며, 에너지, 기술, 농업, 공업, 학문, 문화 등에서도 협력을 강화하기로 했다.[26]

그러나 지난 30년간 긴밀해진 러시아와 중국의 관계는 서방과 미국에 대항하기 위한 유라시아대륙 내 두 강대국 간의 전략적 협력관계로 양국 관계는 근본적으로 경쟁과 갈등의 요소를 내포하고 있으며 항구성을 가지기 어렵다. 두 강대국은 외부세력에 대한 효율적인 대응을 위해 국경분쟁을 종식하고 국경지대의 군사력을 감축했지만, 상대국이 자국의 안보 이익을 저해한다면 언제든지 경쟁국이 될 가능성이 있다.

중장기적으로 다시 경쟁국이 될 가능성이 있는 중국의 국력 강화가 러시아의 영향력을 보완해주는 단계를 넘어, 악화시키는 단계에 접어들고 있으므로 러시아는 이를 도전적인 위협으로 볼 수밖에 없다.[27] 2014년 이후 계속되는 경제 제재와 저유가로 러시아 경제 규모는 축소되었고 결과적으로 러시아 경제의 중국의존도가 상승했다. 지속적인 중국의 고속성장과 국제사회에서 중국의 영향력 확대는 긴 국경을 맞대고 있는 강대국 러시아에 안보와 경제 분야에서 잠재적 위험이 증가함을 의미한다. SOC와 CICA도 역내 국가들의 중국 일대일로 사업 참여로 중국의 영향력이 커지면서 중국의 입김이 많이 작용하고 있으며, 상대적으로 러시아의 영향력이 축소되는 경향

---

26 최재덕, "코로나 팬데믹 시대, 국제질서의 변화와 러시아의 외교전략," 『중소연구』 제44권 3호 (2020), pp. 65-66
27 홍현익, "주변 4국의 중국인식: 러시아의 대중국인식," 『성균차이나브리프』 제1권 1호 (2013), p.87

을 보이고 있다.[28]

　러시아가 중국과 협력을 시작한 1990년대의 중국과 30년간 연 9% 이상 경제 성장을 이룬 중국은 다른 나라가 되었다고 할 만큼 급격히 성장했다. 전통적인 러시아의 영향권에서 중국의 '조용한 잠식'도 빠르게 진행되고 있으며 중앙아시아, 중동, 아프리카 등에서 중국의 영향력 확대가 본격화되었다. 2017년 10월 2일 러시아와 중국은 유라시아경제연합(EAEU)과 일대일로 간 '경제무역협력 협정'을 체결하였다. 두 경제권의 연계는 표면적으로 중국과 유럽으로 이어지는 유라시아대륙에 새로운 공동 경제 공간이 출현함을 의미하지만, 실제로 EAEU와 일대일로는 유라시아대륙 내에서 경쟁 관계에 있다. 중앙아시아에서 중국의 일대일로 사업은 교통 인프라 건설과 석유·천연가스 중심의 에너지 협력에 집중돼 있다. 러시아는 중앙아시아에서 중국의 영향력이 커지는 것을 경계하면서도 러시아의 경기침체로 EAEU를 적극적으로 추진하지 못하기 때문에 중국의 투자를 유도하는 방향에서 일대일로와 EAEU의 협력이 가능한 분야가 다양하다는 공동입장을 취하고 있다. 그러나 일대일로 사업이 인프라 개발 영역을 넘어 경제통합 플랫폼으로 발전할 경우 중국의 경제적, 외교적 이익독점이 가속화될 것이고, EAEU를 주도적으로 발전시키고 싶은 러시아와 갈등을 유발할 것이다. 또한, 러시아가 적극적으로 추진하고자 하는 북극항로 개발도 북극이사회에 속한 미국이 옵서버인 중국의 참여를 강력히 반대하고 있다. 중국은 러시아와 북극항로

---

28 문수언, "상하이협력기구(SCO)를 통해 본 러시아와 중러 관계," 『사회과학논총』 제13권 (2011), p.27

개척 및 천연가스 개발에 적극적으로 참여하고 싶으나 미국은 북극 개발에 어떠한 권한도 없는 중국이 북극 개발에 참여하면 군비경쟁, 영유권 주장으로 북극이 또 하나의 남중국해가 될 것이며 중국의 생태계 파괴, 인프라 부실 건설이 되풀이되고 관련국들이 부채의 함정에 빠질 것이라고 주장했다. 따라서 미-중 갈등으로 러시아가 적극적으로 추진하려는 북극권 개발이 장기간 지연되거나 난항을 겪을 수 있다.

수교 70주년이 넘는 러시아와 중국은 양자 수준, 지역 수준, 글로벌 수준에서 서방과 미국에 긴밀하게 대응하며 공동의 이익을 추구해왔다. 그러나 러중관계는 전략적 협력관계로 구조적 한계성을 가지고 있다. 러중의 긴밀화에 제약을 가하는 요인은 여러 가지가 있겠으나 가장 핵심은, 러시아와 중국이 인식하는 위협이 더는 공동의 위험이 아닐 경우, 또는 유라시아대륙 내에 국경을 맞대고 있는 강대국들의 협력이 한 국가의 영향력 약화로 이어질 경우다. 미국의 견제로 해상 실크로드 구축이 어려운 상황에서 중국은 육상 실크로드에 집중할 것이다. 중국이 육상에서 전개하는 일대일로는 지금까지 구축해놓은 인프라를 바탕으로, 중국 특색 사회주의 강국 건설의 핵심인 경제통합으로 진행될 것이고, 그 중심 지역이 중앙아시아와 CIS 국가, 러시아가 될 가능성이 높다. 이는, 서방의 제재와 저유가로 인해 외국의 투자가 절실한 러시아의 경제 성장에 필요한 동력 확보 수단으로 작용하겠지만, 장기적으로 유라시아 전체가 일대일로 사업장이 되며, 중국에 대한 참여국들의 경제종속이 심화될 것이다.

현재 러시아와 중국은 양국의 내재적 갈등요소를 관리하면서 비교 우위의 상호보완적 이익 교환 관계를 유지하고 있다. 러시아가 에너지 공급, 북극해 개발, 무기 판매 등으로 국제사회에서 영향력을 넓혀가고, 중국은 미국과 전방위적인 갈등국면에 대처하면서 '중국의 꿈'을 이루어가야 한다. 따라서 중국과 러시아 간의 내재적 갈등요소가 점증하고 있지만 짧은 시간 내에 양국의 긴밀한 관계를 깨뜨릴 만한 위험이 되진 않을 것이다. 물론 러시아와 미국의 관계가 개선된다면 러중 관계의 긴밀화는 약해질 가능성이 있지만, 러·미·중의 관계는 전략적 역학 구도 속에서 급진적인 관계 변화의 위험을 헤징하면서 서서히 변화할 것이다. 러시아는 중국과의 에너지·경제 협력을 지속하면서 유라시아경제연합(EAEU)과 집단안보조약기구(CSTO)를 활성화하여 유라시아 내의 영향력을 회복하길 원하고 중국도 중앙아시아에서의 일대일로 사업, 러시아와의 에너지 협력, 경제적 이익, 러·중 국경지대의 안정 등을 고려하여 러시아와 최대한 우호적인 관계를 유지하려고 노력할 것이기 때문이다.

3. 러미 관계 개선의 가능성

미-중 갈등이 심화되면서 러중 관계의 긴밀화는 우군을 확보하여 미국에 대항해야 하는 중국에 더 중요한 의미를 갖게 됐다. 미국도 역시 러중의 강한 연대를 견제하기 위해 러시아와의 갈등 관리에 대한 필요성이 증가하였다. 장기 집권의 길을 연 푸틴 대통령도 지지기반을 강화하기 위해서는 러시아가 과거의 번영을 회복하고 강한 러시아를 실현하기 위한 경제적 돌파구가 필요하다. 이를 위해 유럽 에너지 시장에 대한 접근권, 서방 금융권이 좌우하는 신용등급 회복, 서방과의 기술력 공유, 국제적 이슈에 대한 결정권 등이 필요하며 이를 위해서는 서방의 경제 제재 해제와 미국과의 관계 개선이 선행되어야 한다.

러시아와 중국의 전략적 파트너십은 견고하며 미국의 세계 패권 장악을 견제하기 위한 연대도 필요하다. 그러나 지금의 러중 관계가 미국의 패권주의에 공동 대응하기 위한 전략적 관계이므로 미국의 대외전략 변화에 따라 러중의 관계에 변화가 생길 가능성을 배제할 수는 없다. 여기에 가장 중요한 변수는 미국의 대외전략 변화이다. 러중의 전략적 관계의 근본적인 원인은 미국의 압박이며, 자존심을 지키면서 미국과 관계 개선을 할 수 있다면 중국이나 러시아도 그것을 원할 것이다. 미국이 러시아를 통해 중국의 육상 실크로드를 저지하려고 시도한다면 중국굴기(中國崛起)를 저지하는 데 큰 영향을 미칠 것이며, 미중패권경쟁에서 미국이 확실한 승기를 잡는 길이 될 것이다. 따라서 유라시아대륙에서 중국의 영향력이 확대됨에 따라서 대등한 러중 관계가 중국 우위의 관계로 역전되는 상황에서 러시아와 미국의 이해관계가 일치하며 대등하게 협력할 수 있는 지점을 찾는다면 미국과 러시아의 관계 개선도 가능하리라고 예측한다.

러미 관계 개선의 열쇠는 미국에 있다. 역사적으로 미국은 헨리 키신저의 지정학 전략에 따라 소련 봉쇄를 위해 1972년 닉슨 대통령이 베이징을 방문하여 상하이 코뮤니케(Shanghai Communique)를 발표하고 미-중 간 20여 년에 걸친 적대관계를 종식시킨 경험이 있다. 우크라이나 문제로 러미가 첨예하게 대립하면서 미국은 악화된 양국의 관계를 개선할 의지가 없었으나 미중패권경쟁으로 중국 견제를 위해 러시아와의 전략적 협력의 필요성이 커진 것이 사실이다. 러시아와 미국의 오랜 대립에도 불구하고 러시아는 대등한 관계에서 미국과 지속적으로 관계 개선을 원해왔고 미국은 중국을 제압하기 위해 러시아를 통한 중국 견제의 필요성이 높아졌다. 또한, 대서양 동맹을 복원하여 유럽을 미국의 강력한 지원군으로 삼고 싶은 미국은 '러시아는 유럽의 일부이며 유럽의 안보를 위해 러시아와 소통해야 한다'는 유럽의 의견을 무시하고 러시아를 적대시하면서 유럽의 적극적인 협력을 이끌어내기 어려운 상황에 놓여 있다. 미국은 이란 핵합의(JCPOA) 복귀에 있어서도 이란-중국-러시아의 반미 연대 강화를 저지하고 중국의 영향력을 약화시킬 필요가 있다.

러미 관계 개선은 러중 관계의 잠재적 제한성을 극대화하고 중국의 부상을 저지할 수 있는 지정학 전략이다. 그러나 미국과 러시아의 관계 개선은 미-중 간 갈등이 더욱 심화되어 중국의 부상을 저지해야 하는 긴박함이 미러 관계 개선을 반대하는 미국 내 정치적 반발을 압도할 때 가능할 것이다.

4. 러미 정상회담에 대한 평가와 중국의 시각

　2021년 6월 16일 스위스 제네바에서 열린 러미 정상회담은 러시아와 미국이 그동안 주고받았던 제재와 맞대응의 긴장 속에서 협상을 통해 양국의 대립과 갈등을 안정적으로 관리하고 글로벌 예측 가능성을 높임으로써 점증하는 안보적 불확실성을 축소하려고 노력했다는 점을 긍정적으로 평가할 수 있다. 이번 러미 정상회담은 대통령 후보 시절부터 푸틴 대통령을 맹비난했던 바이든 대통령이 출범 후 5개월여 만에 러시아 측에 정상회담을 제안하고 러시아가 이를 수락하면서 이루어졌다. 이는 바이든 행정부 출범 초기에 중국을 견제하기 위해 러시아와의 갈등 관리가 필요하다는 전략적 판단에 의한 것이다. 외교적 수사나 공동기자회견 없이 소인수 회의와 확대정상회의로 이루어진 이번 회담은 첨예하게 대립각을 세우던 미국과 러시아가 상대국과의 입장 차를 명확히 확인하고 외교·안보 분야에서 합의점을 도출했다는 데 의의가 있다.

　바이든 대통령은 푸틴 대통령에게 인권과 대선 개입, 사이버 공격에 대해 러시아가 태도를 바꾸지 않는다면 응당한 대가를 치르게 될 것이라고 단호하게 경고했다. 러시아는 미국이 제기한 알렉세이 나발니 탄압 주장에 대해 나발니는 러시아의 법률을 위반한 범법자라고 일축했고, 러시아의 우크라이나 접경지역으로의 군대 이동에 대해서는 러시아 내에서의 합법적 군사훈련이라고 항변했다. 푸틴 대통령은 정상회담 후 단독 기자회견에서 러시아와 미국이 함께 해결할 수 있는 문제는 하나도 없다고 말하기도 했지만, 정상회담에 대해서는 건설적이었다고 평가했다. 바이든 대통령도 전체적으로 회담은 좋았고 긍정적이었으며 두 나라 관계가 상당히 개선될 수 있다고 생각한다고 밝혔다.

인권, 체제, 안보 등 광범위한 양국의 갈등을 감안하면 애초에 이번 정상회담에서 근본적인 해결책이나 대타협이 도출될 가능성은 낮았다. 그러나 바이든 행정부 출범 초기에 직접적인 정상 간의 대화를 통해 양국이 서로 레드 라인을 확인하고 불필요한 충돌과 소모를 줄이기로 한 것은 다음 논의를 위해 양국 관계 개선의 초석을 다진 첫 행보라는 점에서 긍정적이다. 양국은 핵전쟁 위험을 줄이기 위한 '전략적 안정화'방안에 합의했으며 사이버 전쟁을 억제하기 위한 협상을 시작하고 귀국했던 양국의 대사를 임지로 돌려보내기로 합의했다.

미국에 대항하여 긴밀한 러중 관계를 과시해온 중국은 이번 러미 정상회담의 의미를 축소하면서 러중 관계의 굳건함을 과시하는 데 집중해 왔으며, 예상을 뛰어넘는 합의가 이루어지지 않은 점에 안도했다. 바이든 대통령의 G7 정상회의 참석이나 나토(NATO) 순방에서 보여준 중국 견제보다 러미 정상회담이 사실상 중국에 더욱 긴장감을 주는 사안이었다. 중국의 관변매체들은 '만남 자체가 성과이다. 더 이상의 의미는 아닐 것이다.', '유라시아 질서에 대해 미국과 러시아 간의 이해관계 차이가 크기 때문에 결코 화해할 수 없을 것이다'라고 전망했지만 러미 정상회담을 의식하여 중국이 지나치게 러시아와의 긴밀함을 강조한 것은 항미적 성격의 전략적 관계인 러중 관계가 러시아와 미국의 관계 개선으로 흔들릴 수 있다는 불안을 대변하는 것으로 비춰지기도 했다.

5. 한반도 평화를 위한 '중국역할론'에 대한 제고와 남·북·미·러 협력 가능성

미중패권경쟁이 본격화되기 이전에는 남·북·미·중의 협력이 북한 비핵화 프로세스와 남북관계 개선에 중요하다고 인식되어왔다. 그러나 미중패권경쟁으로 미국과 중국의 갈등이 심화되면서 남·북·미·중의 협력으로 한반도 문제를 해결하기 어려운 상황이 도래했다. 미중이 대립할수록 중국은 혈맹관계와 사회주의 동질성을 내세우며 북한을 강하게 중국 편으로 견인하고 있기 때문이다.

북한의 잇따른 핵실험으로 소원했던 북중관계는 2018년 북한의 비핵화 선언과 북미정상회담을 계기로 1년 반이라는 짧은 기간에 5차례의 북중 정상회담을 통해 사회주의국가 연대를 강화하고 상호 '중국이 북한의 든든한 조력자'임을 확인했다.[29] 2019년 6월에 있었던 평양 방문에서 시진핑 주석은 북핵 문제 관리에 중점을 둔 '쌍중단(雙中斷)', '쌍궤병행(雙軌竝行)'을 넘어 북한의 안보 불안을 중국이 해소하겠다는 중국식 해법인 소위 '중국방안(中國方案)'을 제시했다. 그는 북한의 합리적인 안보 우려와 경제 발전에 대한 걱정을 해결하는

---

29 이성현, "김정은· 시진핑 다섯 차례 정상회담 복기(復棋)를 통해 본 당대 북중관계 특징과 한반도 지정학 함의," 『세종정책브리프』 제5호 (2020), pp.8-10.

데 중국이 '힘이 닿는 최대한' 도움을 줄 것이라고 하여 '제재를 통한 북한 비핵화'를 추구하는 미국과 근본적으로 다른 접근법을 제시했다.[30]

미-중의 이념적, 규범적 경쟁이 계속되는 상황에서 중국이 북한과 경제·안보 협력을 포함한 사회주의국가 연대를 강화한다면 비핵화 협상이 진전되기 어려울 것이다. 그렇지만 중국을 배제한 북한의 비핵화 역시 현실화되기 어렵다. 지금까지 중국의 대북전략으로 미루어보아 중국은 결코 한국과 미국이 원하는대로 북한의 비핵화가 이루어지는 것을 좌시하지 않을 것이며, 북한 역시 북한의 최대 교역국이자 유엔안보리 회원국이며 사회주의 국가로서 국제 사회에서 북한을 보호할 수 있는 중요한 외교적 파트너인 중국을 제외하고 체제 보장에 대한 확신없이 비핵화 과정에 임하지 않을 것이기 때문이다.[31]

북미 비핵화 협상이 답보상태에 있고 남북관계가 냉각된 시점에서 '중국역할론'에 대한 신중한 검토가 필요하다. 한국이 지나치게 중국이 비핵화를 위해 북한을 설득해 줄 것을 기대하며 중국 역할론을 높이 평가하는 것은 오히려 대등한 한중관계를 저해하고 북핵 문제 해법을 더욱 복잡하게 만들 수 있기 때문이다.

미중패권경쟁 하에서 한반도 평화프로세스 구축을 위해 가장 좋은 시나리오는 중국과 일본의 상대적 영향력 약화를 바탕으로 남·

---

30 이성현, "북중관계와 미중관계: 북한 문제에 있어서의 중국 변수에 대한 고찰," 『세종정책연구』 제6호 (2020), pp.32-36.
31 유현정, "'종전선언' 관련 북미 간 입장 차이와 중국 변수." (검색일: 2021년 1월 23일), https://www.dailynk.com.

북·미·러가 협력하는 구도이다. 미국이 중국 견제를 위해 러시아와의 관계를 개선할 경우 유라시아 내에서 러시아를 통한 중국 견제가 가능해지고 남·북·미·러의 협력으로 한반도 신경제지도의 완성, 중국·일본과의 대등한 외교 관계 정립, 동북아 평화와 번영이 실현될 가능성이 높다. 더 나아가 북한의 완전한 비핵화와 시장경제로의 편입, 한반도 평화정착에 따른 남북한 주도의 경제 협력, 한반도-유라시아 철도 연결, 송유관·가스관·전력망 등 메가프로젝트급 남·북·러 경제 협력, 한반도의 항구적 평화를 위한 동아시아 안보협력체 구성 등이 실현되면 동북아는 군사적 긴장이 완화되고 항구적 평화가 정착되며 상호보완적 경제구조를 통한 평화경제를 이룰 수 있을 것이다. 이 구도에서는 미국의 동아시아 영향력 유지, 미국을 통한 중·일 견제, 러시아를 통한 중국 견제가 이루어짐으로써 역내 국가들은 갈등을 통한 영향력 확대보다 협력을 통해 발전적 관계를 형성하려 할 것이다.

반대로, 중국이 공세적으로 한반도에 영향력을 투사하게 되면 남·북·중 접경지역의 경제 협력이 일대일로 전략 내로 편입될 가능성이 높아지고 중국이 주도권을 가지게 될 것이다. 또한, 중국은 일대일로 전략을 한반도 내로 확장하고, 나진·청진항을 이용한 경제적·군사적 영향력 확대와 동해를 통한 북극해 진출을 모색하려 것이다. 북한을 통한 중국의 영향력 확대는 남·북·미·일·러에 위협으로 인식될 것이다. 따라서 중국 영향력 확대를 견제하지 않는다면 동북아시아의 군사적 긴장을 완화하기 어렵다. 결과적으로 미·러에 의한 중국 견제가 이루어지지 않으면 미국은 지금과 같이 일본을 통한 중국 견제에 나설 것이고 일본의 군사력 강화는 한반도와 동북아시아의 평화를 저해하는 요인으로 작용할 것이다. 따라서 남·북·미·러의 협력과 중국·일본의 조력이 한반도의 항구적 평화를 위해 가장 좋은 시나리오다.

한국과 중국의 양자 관계 및 양국을 포함한 다자관계는 경제적 외교적 안보적 역학 구도 내에서 긴밀하게 연결되어 있으며, 중국은 한반도 비핵화 프로세스의 진전뿐만 아니라 비핵화 이후의 한반도 평화와 번영을 위해 우호적인 관계를 유지해야 하는 매우 중요한 나라이다. 그러나 미중패권경쟁과 중국의 강대국화라는 전략환경의 변화 속에서 양국이 발전적 관계를 유지하기 위해서는 양국 사이에 존재하는 이념과 체제, 안보와 관련된 전략적 관점의 차이를 인정하고 양국 간 갈등을 조정·관리하며 대등한 한중관계를 형성해야 한다. 앞으로 다가올 30년은 양국이 지난 30년간 추구했던 산업구조의 상호 보완성, 양국의 교역량 증가와 외교적 수사로 더 이상 발전적 한중관계를 담보할 수 없게 되었으며, 이는 미중패권경쟁이 심화될수록 동북아 안보의 구조적 제약 요인이 부각되는 전략적 환경변화 속에서 양국이 국가안보와 번영을 추구해야 하기 때문이다. 따라서 한국은 중국의 대한반도 정책이 한국의 대북정책이나 안보전략에 부합하지 않는 면이 있다는 것을 인정하고, 중국의 강대국화가 지속될 것이라는 가정하에 전략적 관점에서 국익 중심의 일관된 대중 전략을 수립해야 한다. 그리고 궁극적으로 한국은 중국과 동북아 평화와 경제적 번영의 수혜를 함께 누리는 상호보완적 이익공동체로서 양국

의 발전 방안을 모색해야 한다.³²

6. 맺음말

미국은 미-중 무역 관계에 대해 기울어진 운동장을 평평하게 만들려 한다고 주장하지만 중국은 자국이 만든 규칙을 준수하는 운동장을 새로 만들고 선수를 영입하기 바쁘다. 지금의 대한민국이 100년 전 조선이 아니듯이, 지금의 중국은 50년 전 닫혀 있던 죽(竹)의 장막이 아니다. 중국은 지난 40년간 축적한 부와 기술, 국제사회의 영향력을 바탕으로 2049년까지 중국의 꿈을 위해 사활을 걸었고 번영과 발전의 길을 결코 멈출 수 없다. 미국의 인도-태평양 전략은 미일동맹을 근간으로 하고 있으며 미국은 일본을 이용하여 동아시아에 군사력을 투사하고 일본은 이를 이용하여 평화헌법 개헌을 목표로 하고 있다. 더욱이 일본은 한국에 '안보'를 이유로 반도체 소재 관련 제품에 대한 수출 규제를 단행하면서 한국이 대북수출규제를 제대로 이행하지 않는다는 억지를 쓰고, 지속적으로 북한 김정은 위원장과의 만남을 시도하면서 북한 비핵화에 일본이 소외되지 않으려고 애쓰고 있다. 중국의 강군전략은 일본의 군사력 확대에 정당성을 부여하고 해양에서의 미·중 대치는 일본이 태평양, 인도양을 거쳐 아프리카까지 해상활동을 가능하도록 하는 수단이 되었다.

---

32 최재덕, "한중관계 미래 30년을 위한 발전적 대안 연구: 중국의 공세적 외교와 호주에 대한 경제보복 사례를 중심으로," 『평화학연구』 제22권 3호 (2021), pp.123-124

한반도를 둘러싼 동북아의 상황이 우호적일 때는 없었다. 그러나 지금의 상황은 역사의 한 페이지에 남을 만큼 쉽지 않다. 한국의 선택 하나하나가 신중해야 하는 이유다. 지금까지 한국은 높은 세계사적 파고에 잘 대응하면서 오히려 어려움을 정치적·경제적·군사적 발전의 동력으로 삼아왔다. 한국은 미국과 중국의 압박에 직면해 있지만, 자유민주주의와 자유주의 국제질서, 국제법과 인권 등 인류 보편적 가치에 동의하면서 한미동맹의 틀 위에 한중 협력을 도모하고 신북방·신남방지역으로 외교적, 경제적, 안보적 외연을 확장해야 한다. 이는 미중패권경쟁 하에서 미·중 간 선택의 딜레마에 빠지지 않고 국익에 부합한 자주적 의사결정을 내릴 수 있는 역량을 축적하는 길이 될 것이다.

러중 관계는 한국의 높은 대중국경제의존도, 북한 비핵화, 북방경제협력, 한미동맹과 맞물려 한국에 중요점을 시사한다. 그러나 러중 관계 긴밀화에 침착할 것이 아니라 앞으로 전개될 중국의 일대일로와 중국식 세계화, 미국의 대러 정책 측면에서 중러관계의 추이를 지켜봐야 할 것이다. 러미 관계 개선은 한국에게 새로운 기회가 될 수 있다. 북방경제협력을 비롯한 한국의 북방정책 추진을 저해하는 주요 요인은 북핵 문제와 러미 관계 악화이다. 따라서 러미 관계의 개선은 한-러 관계, 한·중앙아시아 관계의 발전과 한국의 신북방정책을 추진을 위한 보다 우호적인 동북아 전략 환경을 제공할 것이다. 또한, 미중패권경쟁으로 한반도에 북·중·러 vs 한·미·일의 냉전적 대립 구도가 형성될 수 있다는 안보적 우려도 낮아질 것이다. 이러한 맥

락에서 한국은 미국의 대러 전략 변화를 예의주시하면서 러미관계 개선을 남북관계 개선과 한반도 문제 해결의 기회로 만들기 위한 대응전략을 마련해야 한다. 그러나 러미 관계 개선의 여지가 없더라도 한국은 능동적으로 러시아와의 정치적, 경제적, 사회적 이익 공유하도록 노력해야 한다. 이는 북방경제협력과 한반도 신경제지도 구상의 실현, 남북관계를 위한 다자적 협력을 위해, 대륙과 연결될 미래 한반도를 위해 대단히 중요하기 때문이다.

바이든 행정부 출범 이후의 미중패권경쟁 양상과 유라시아질서의 변화는 양자 관계를 넘어 러·미·중의 삼각관계 속에서 양자 관계를 입체적으로 분석해야 할 것으로 보인다. 미중패권경쟁이라는 도전적 상황 하에서 각국의 전략적 선택에 따라 삼국 관계의 긴밀화와 제한성은 가변적이며 한국은 이러한 변화에 유연하게 대처해야 한다. 미국의 대중전략이 동맹 강화를 통한 중국의 외교적 고립과 미국 중심의 글로벌 공급망 확대를 통한 중국의 기술굴기 저지에 초점이 맞춰지면서 한국은 미-중 양국에 중요한 나라로 전략적 레버리지가 높아지고 있다. 한국은 러·미·중의 삼국 관계 변화와 유라시아질서의 변화 속에서 남북관계 개선과 한반도 비핵화 프로세스 추진, 대등한 한중관계 수립, 한·러와 한·중앙아시아 협력의 기회를 강화하여 한국이 포스트 코로나 시대에 전략 파트너로서 러시아와 협력을 강화하고 북방으로의 연결을 모색해야 한다.

유라시아 21

제5장

신북방정책의 성과와 과제: 차기 정부를 위한 제언

성원용 | 인천대학교

1. 신북방정책에 대한 평가

　신북방정책의 일선에서 땀을 흘리고 있는 관계자들은 섭섭하겠지만, 신북방정책은 신남방정책과 견주어 볼 때 뚜렷하게 내세울만한 성과가 별로 없다. 필자와 대화를 나눈 관련 분야 전문가들의 평가가 대체로 그러하다. 물론 누군가는 이런 평가가 너무 인색하다고 투덜거릴 수도 있겠다. 그렇지만 평가는 냉정하고, 엄격해야 한다.

　한편 신북방정책을 이렇게 평가한다고, 다른 한편에서 누군가 우쭐대며 신남방정책의 성과를 과시하는 것도 좀 억지스럽다. 사실 신남방정책도 비유하자면 그동안 민간이 땀 흘려 닦은 길 위에 정부가 선을 긋고 무개차에 올라타 이벤트를 성공적으로 벌여나간 것일 뿐, 오롯이 신정부가 흘린 땀의 성과라고 한다면 민망하다. 비유컨대 적기에 상품성이 뛰어난 제품을 잘 포장한 것일 뿐이라고 한다면 과장일까? 신남방정책도 이제 초입에 들어섰을 뿐, 아직은 성과를 말하기에는 갈 길이 멀다.

그렇다면 신북방정책은 어떻게 평가할 것인가? 정책의 비중이나 우선순위 측면에서 신남방정책과 비교하는 것 자체가 곤란할 정도로 초라하다. 물론 우격다짐으로 이러저러한 성과들을 열거한다면 적잖은 목록들이 만들어질 것이다. 최근 북방경제협력위원회가 홍보하는 자료를 살펴보면 다음과 같은 성과들이 열거되고 있다.[33]

첫째, 신북방 지역에 한국형 보건·의료 산업 진출 기반을 조성하고, 코로나 사태를 계기로 비대면 분야 협력 및 민간협력 지원을 확대했다.

둘째, 신북방 현지에 우리말과 문화를 지속적으로 확산시키는 등 국가 이미지를 제고하고, 인적·문화 교류를 확대할 수 있는 기반을 마련하고 우호적인 환경을 조성했다.

셋째, 신북방 지역의 현지 곡물 유통기반을 강화하여 국내 식량안보에 기여하고, 스마트팜 및 종자산업 등의 진출 기반을 마련했다.

넷째, 신북방 국가 관련 펀드 조성 등 경제협력 전략을 마련하고, 현지 진출 기업에 대한 금융지원을 강화하며 투자 진출을 지원했다.

다섯째, ICT·과학기술·신산업 및 환경 분야 등으로 협력을 다변화함으로써 신북방정책의 지평을 확대하고, 신북방 지역 그린 뉴딜·친환경 관리 역량을 강화했다.

여섯째, 해외인프라 건설 신시장 개척 및 한국형 산업단지 개발 모델 수출 등 국내 기업의 안정적인 해외 진출을 지원했다.

일곱째, 유라시아 철도 관련국들과 협력관계를 강화하고, 복합물류망 구축의 실질적 성과를 달성하기 위한 기반을 조성했다.

---

33 북방경제협력위원회, 『북방위 주요 성과와 향후 과제』 (2021).

여덟째, 적극적인 정상·고위급 외교 및 다양한 협력방안을 추진함으로써 신북방 국가들과의 신뢰 관계를 강화하고 지속적인 협력 기반을 구축했다.

북방경제협력위원회가 내세우는 성과들을 살펴보면 일부는 공감이 가는 내용도 있지만, 또 다른 일부에 대해서는 선뜻 동의하기 어려운 부분들도 있다. 억지스러운 측면도 있고, 조금 민망할 정도로 '과시적인' 요소도 있다. 행간에서 읽을 수 있듯이 아직은 열거된 내용이 구체적인 정책의 성과인지, 아니면 추진 목표 또는 방향인지 분명하지 않은 측면도 존재한다. 신북방정책 로드맵에 열거된 끝없는 사업명처럼 100대 과제, 200대 과제로 정책 목록을 계속 열거한다고 곧바로 사업 실행으로 전환되는 것이 아니듯[34], 성과 목록을 열거한다고 그것이 절대 대다수가 공감하는 성과로 인정받을 수는 없는 것이다.

그렇다면 관련 분야의 전문가들은 신북방정책을 어떻게 평가하고 있는가? 국내 러시아 전문가 중 한 사람은 지정학적 여건의 악화와 코로나 위기의 장기화로 신북방정책이 기대한 만큼의 성과를 내기가 쉽지는 않았지만, 다음과 같은 '적지 않은' 성과를 거두었다고 열거하고 있다. "우선 한국 기업의 현지 진출 거점이 마련되고 있음을 주목해야 한다. 중국 창춘시에 한중 국제협력시범구 그리고 러시아 연해주에는 한국기업 전용 산업단지의 조성이 추진되고 있다. 그간 소홀하였던 디지털 혁신 분야와 금융 분야 협력 플랫폼이 조성된 점도

---

[34] 신북방정책 발표 이후 63개 세부과제 및 139개 국가별 정책과제가 열거되었는데, 신설·병합·삭제·완료 과정을 거쳐 지금은 8대 분야 70개의 정책과제로 압축되어 있다. 북방경제협력위원회, https://www.bukbang.go.kr/bukbang/policy/0004/0001/, (검색일: 2021.11.01).

큰 성과가 아닐 수 없다. '한러혁신센터', 카자흐스탄 '기술교류센터'가 문을 열었고 10억불 규모의 한러펀드 조성이 추진되고 있고 '한-유라시아 협력펀드'도 출범하였다. '북방포럼', '한러협의회', '한러지방협력포럼' 등 새로운 협력 소통 채널이 다변화된 점 그리고 '국제철도협력기구(OSJD)' 정회원 가입을 통해 대륙물류네트워크 연결의 출발점을 마련한 점 등도 가시적 성과였다."[35]

한편 또 다른 전문가들은 한·러지방협력포럼 신설 등을 통해 한-러 양국 지자체 간 유기적 협력 체계를 구축함과 동시에 협력 채널을 다층화할 수 있었고, 대통령과 국무총리의 중앙아시아 방문을 통해 중앙아시아가 신북방정책의 핵심 협력국임을 천명하고, 신북방정책이 일방적인 對중앙아시아 진출이 아니라 중앙아시아 국가들의 국가발전전략과 긴밀하게 연계된 호혜성의 원칙을 각인시킬 수 있었다는 점을 주요 성과로 평가하고 있다.[36]

위에 언급한 평가와 달리 일부 논자들은 매우 회의적인 시각으로 신북방정책을 평가하기도 한다. 국내 러시아 전문가는 "신북방정책의 견인차로 채택한 소위 '9-Bridge 전략', 즉 전력·가스·조선·수산·북극항로·항만·철도·산업단지·농업 등 9개 분야에서 대러 경협을 우선적으로 도모하는 사업도 아직 눈에 띄는 성과가 없다. 전체적으로 신북방정책도 성과의 양적, 질적 측면에서 과거 유사 북방정책의 수준을 넘어서지 못하고 있다"고 진단하면서, 과거 북방정책의 경험과 경

---

35 엄구호, "신북방정책은 미래다," 파이낸셜 뉴스, 2021.05.10., https://www.fnnews.com/news/202105101807294138, (검색일: 2021.11.01).
36 김경숙·오일석·장세호, "한국 외교 패러다임의 전환과 신북방·신남방정책의 발전 방향," 『INSS 전략보고』 No.123 (2021), pp.7-8.

로를 그대로 답습해가는 행태에 강한 불만을 드러내고 있다. 그는 "노태우 정부 시대를 제외하고 한국의 북방정책은 대부분 '용두사미'로 끝났다고 평가해도 과언이 아닐 것이다. 시작은 창대했지만 끝은 미미했다"[37]며 평가를 갈무리했다. 아프지만, 인정할 수밖에 없고, 공감이 가는 탄식의 목소리이다.

상황이 이러하니 신북방정책을 '공정하게' 평가하는 일은 난감한 일이지만, 현재로서는 평가가 매우 주관적일 수밖에 없다는 결론에 도달하게 된다. 그것은 다음과 같은 이유 때문이다.

첫째, 여러 구호, 또는 의제로 표현된 신북방정책 관련 사업들은 장기지속 형태로 진행되고 있다. 한마디로 조급하게 성패의 결론을 내릴 수 없는 영역이다. 최종적인 평가를 받기 위해서는 인내가 필요하다.

둘째, 신북방정책 사업들 중에서 일부 사업은 과거 정부에서 시작된 사업이 있다. 따라서 과연 어느 지점까지가 지금 정부의 '고유한' 성과이고, 어디까지가 이전 정부의 '계속사업'인지가 모호하다. 그래서 고민이 깊어진다. 이 경계가 모호하다면 어떻게 평가의 공정성을 확보할 것인지에 대한 문제 자체가 쟁점이 된다.

셋째, 도대체 '신북방정책'이란 무엇인가? 경제 측면의 해외시장진출 전략인가? 아니면 외교안보 측면의 대외지역 전략인가? 아니면 북방을 우회한 통일 한반도 구축 전략인가? 만일 신북방정책을 이해하는 평가자의 관점이 이처럼 너무나 다양해서 하나의 측면으로 통일되거나 집중될 수 없다면 도대체 어떤 범주에서, 또 어떤 기준과 잣

---

37 홍완석, "신북방정책의 다중적 함의-해제(解題)와 고찰-," 『슬라브硏究』 제36권 3호 (2020), p. 16.

대로 평가할 것인가?[38]

이런 이유로 필자의 신북방정책에 대한 평가 또한 '주관적'이라는 한계를 가진다. 이 모든 한계를 인정하고 이하에서는 항목별로 신북방정책을 평가해보고자 한다. 그런데 단도직입적으로 말해 여기에서 논의하는 신북방정책에 대한 평가는 세부과제들의 성과에 대한 구체적인 평가를 의미하지 않는다. 지면의 한계도 있고, 백화점식으로 열거된 수많은 부처 과제들에 대해 하나하나 논박하는 것은 소모적일 뿐이기 때문이다. 여기에서는 그저 거시적 범주에서 신북방정책을 바라보는 관점, 실행전략과 접근법, 조직과 제도상의 문제점 등 포괄적인 문제들만을 언급할 것이다. 각개의 정책과제들을 어떻게 실행해갈 것인가의 문제가 아니라, 차기 정부가 어떤 기조와 원칙에서 '신북방정책'을 재설계해야 하는지 그 방향성만을 제시하고자 한다.[39]

2. 신북방정책: 개념적 정의와 정체성 혼란의 문제

누구나 '신북방정책'을 말한다. 짧지만 몇 년간 그런 시대를 살았다. 그러나 그것에 대한 대중의 공감대가 존재하는지, 과연 합의 일치된 견해가 존재하는지 궁금하다. 경험으로 판단하건대 전문가들

---

38 이에 대한 포괄적인 논의는 다음을 참고. 홍완석, "신북방정책의 다중적 함의 - 해제(解題)와 고찰-,"『슬라브硏究』제36권 3호 (2020); 성원용, "신북방정책과 남⊠북⊠러 삼각협력: 과제와 발전 전망," 『IDI 도시연구』통권 제16호 (2019).
39 이하의 논의는 성원용, "북방정책에서 신북방정책까지: 한국의 의도, 전략, 실적, 한계," 크라스키노 포럼 제4차 정책포럼/제3회 국제평화토론회 자료집『신북방정책과 지방정부의 공공외교』판교 테크노밸리 글로벌 R&D 센터 (2021.05.07)의 일부를 수정 보완한 것임을 밝혀둔다.

에게 물어봐도 상황은 비슷하다.

언젠가 신북방정책 로드맵을 만들자고 모인 회의에서 큰 충격을 받았다. 가히 백인백색, 백가쟁명을 보는 것만 같았다. 전문가들은 어렴풋이 '북방정책'을 기억하고 있지만, 실상 그들이 이해하는 북방정책은 모두 달랐다. 그들에게 북방정책은 결과로만 존재할 뿐이었고, 정책이 실행되었던 환경으로서의 초기 조건, 전략과 접근법, 최종 목표에 대한 기억은 희미하거나, 혹은 특별한 관심을 기울여야 할 대상이 아닌 것처럼 보였다. 결과적으로 신북방정책은 아전인수격으로 해석되는 측면이 너무나 강했다.

1980년대 말~90년대 초 전환기 북방정책의 역사를 총체적으로 평가하고 정리하는 과업이 제대로 진행되지 않았기에 생긴 부작용이다.[40] 북방정책에 대한 개념적 정의가 불명확하고 합의된 견해가 존재하지 않는데,[41] 신북방정책을 새롭게 정의하고 로드맵을 작성한다는 것 자체가 과욕이었는지도 모른다. 기실 문재인 정부 출범 전부터 한

---

40 이 대목에서 추가적인 설명이 필요할 것 같다. 물론 지금까지 그런 노력이 전혀 없었다는 것은 아니다. 간헐적으로 학회 차원의 토론회도 있었고, 학계의 전문가들이 의견을 집약하여 출간 작업을 하기도 했다. 하용출 외, 『북방정책: 기원, 전개, 영향』(서울대출판부, 2003)을 보라. 최근 출간된 장덕준 교수의 역작도 주목할 만한 성과다. 장덕준, 『북방정책의 이상과 현실: 아관파천에서 신북방정책까지』(역사공간, 2021). 그러나 토론에 참여한 주체들의 범위가 매우 제한적이었고, 사실과 실체, 성격을 총체적으로 규명하는 평가로 발전되지 못했다. 이러한 관점에서 최근 국립외교원 외교안보연구소가 발간한 한국외교사 구술회의 자료집은 중요한 자극제가 될 것이다. 과거 북방정책에 직간접적으로 참여했던 인물들이 모여 그 시기를 회상하며 나눈 집단 구술회의 자료집의 행간에서 우리는 여전히 합의되지 않는 '논쟁적인' 이슈를 발견하게 되며, 규명되지 못한 '진실'의 공백을 보기 때문이다. 국립외교원 외교안보연구소 외교사연구센터 편, 『북방정책과 7·7선언』(도서출판 선인, 2021). 이제라도 논쟁을 재점화하고, 광범위한 참여 속에서 역사적 의미를 정확하게 평가하는 작업이 필요하다.

41 논쟁적인 지점이다. 안타깝게도 여전히 우리는 극히 개인적인 경험과 집단적인 기억에 의존하여 북방정책을 이해하고 있다.

국 사회에서는 많은 논자들이 신북방정책의 필요성을 역설해왔다.[42] 용어는 조금씩 달라도 오래전부터 학계나 정계, 재계, 언론계 일각에서는 '북방'에 대한 관심을 촉구해왔다. 그런데 문제는 '신북방정책'이 그들의 다양한 요구를 집합적으로 축약하여 대변하는 용어이기는 했지만, 최종적으로 그것이 무엇을 지향하고 부여된 역할이 무엇인지에 대한 합의된 결론은 유보되었다는 것이다. 솔직하게 고백하자면 모두가 '신북방정책'을 말했지만, 비전과 목표, 역할, 경로, 접근법, 전략 등을 모두가 다르게 해석하고 있었다.

정책이 성과를 발휘하기 위해서는 대내외 여건의 개선이라는 것이 필요하지만, 그 출발은 전장에 나선 군사가 하나의 깃발 아래에서 동일한 목표를 바라보는 것에서 시작된다. 아프지만, 이 지점에서 일정한 혼란이 있었다는 것을 인정해야 한다. 만시지탄이지만 이제라도 '북방정책'을 공정하게, 객관적으로 재평가하는 작업이 필요하다. 그래야만 2020년대라는 변화된 환경에서 어떻게 북방을 향한 새로운 비전을 투사해나갈 것인지를 가늠할 수 있고, 문재인 정부의 '신북방정책'의 성과와 한계 또한 명확해진다.

---

[42] 2000년대에 들어와 러시아는 푸틴 시대를 맞는다. 그의 집권과 함께 러시아는 1990년대 체제전환기의 대혼란을 끝내고, 성장과 발전의 궤도로 진입하고 있다는 인상을 심어주었다. 그리고 푸틴 대통령이 극동시베리아 개발 전략을 본격적으로 추진하면서 아태경제권과의 협력을 강화하려 한다는 소식이 전해지자 국내의 러시아 전문가들은 '북방정책'을 재개함으로써 이에 호응하자고 주장했다.

3. 신북방정책은 북방경제협력 구상인가, 아니면 지역전략인가?

문재인 정부의 5대 국정목표 중 하나가 '평화와 번영의 한반도'인데, 신북방정책의 비전은 '평화와 번영의 북방경제공동체'로 설정되었다. 그런데 이 지점에서 몇 가지 의문이 생긴다. 혹자는 신북방정책이 경제 산업적 분야와 외교 안보적 분야를 포괄하는 복합 전략적 측면으로 해석하지만, 일부에서는 경제 산업에 방점이 찍힌 '북방경제협력'으로 이해하기도 한다. 지금까지 그 누구도 이것이 단일한 포괄적 통합전략인지, 아니면 경제 부문의 협력정책인지 답하지 못하고 있다. 그저 편의적으로 상황 논리에 따라 둘 중 하나를 취하는 경우가 대부분이다.

한편 한국의 러시아 전문가들 중 일부는 신북방정책과 관련하여 정치 안보적 측면의 전략적 협력의 영역이 상대적으로 경제 부문에 비해 축소되어 있거나 미개발된 상태라고 평가하고 있다.[43] 그런데 반대로 러시아 극동의 한반도 전문가들은 문재인 정부의 신북방정책이 과도하게 북한 핵문제의 해결에 몰입하여 '경제협력'의 중요성이 경시되었다고 평가하고 있다.[44] 이처럼 동시대 협력의 당사국들이 그들이 처한 상황과 현실을 완전히 다른 각도에서 진단하고 있다면, '신북방정책'의 성과를 묻는 것 자체가 비상식적인 것이 된다. 그만큼

---

43 김석환, "신북방정책 - 미래 협력의 방향과 전략," 2020 KIEP 정책세미나 문재인 정부 3년 대외경제정책 성과와 과제, 대한상공회의소 의원회의실, (2020.05.07).

44 M. 쿠쿨라, "한러 수교 30년, 한러관계 30년," 한러대화 정경컨퍼런스 (2020) 발표 요약문.; 아르쫌 루킨, "신북방정책에 대한 러시아의 시각과 한·러협력을 위한 과제," Yongwoo NA 외, 『해외의 시각으로 본 신남방·신북방정책의 평가와 과제』 (서울:통일연구원, 2020), pp.308-309.

오해와 혼란이 깊다는 것을 의미한다.

또한 일부에서는 '신북방정책'을 對러 협력, 혹은 좀 더 확장해서 구소련(혹은 CIS) 지역과의 협력이라고 생각하고 있지만, 또 다른 일부에서는 남북관계의 개선에 초점이 맞추어진 '한반도 신경제 구상'의 연결축이거나, 또는 이 구상의 확장판 정도로 해석하기도 한다.[45] '신북방정책'과 '한반도 신경제 구상'간의 상호 연결고리가 명확하지 못하기 때문에 북한(北韓)과 북방(北方)이란 공간 사이에 중첩과 분리의 경계가 모호해지는 혼란이 발생한 것이다.

그런데 혼란은 여기에서 그치지 않는다. 주지하듯이 문재인 정부의 98번 국정과제인 '동북아플러스 책임공동체 구현'은 신남방정책과 신북방정책으로 구성되어 있다. 따라서 자연스럽게 '신북방정책'은 상반된 방향성을 갖는 '지역정책'의 지위를 갖게 된다. 그런데 정말 신북방정책이 신남방정책과 동등한 위상을 갖는 것인지, 두 개의 정책들이 상호 논리적으로 연결된, 혹은 동일한 구조와 작동 기제를 갖는 것인지, 보다 근본적으로 '신북방정책'의 성격이 '지역정책'으로서 합당한 것인지 난해한 의문들이 제기될 수밖에 없다. 아직은 이와 관련하여 명쾌하게 정리된 견해나 원칙이 존재하지 않는데, 혼란을 줄이기 위해서라도 '정체성'이나 '성격' 문제는 매듭을 지어야 할 것이다.

지금은 대전환의 시대이다. 미-중 전략경쟁이 격화되는 상황에서 포스트 코로나 시대의 기후변화에 능동적으로 대응하고, 4차산업혁명을 선취(先取)해야만 하는 중대한 도전에 직면해있다. 어떻게 이 거센 도전과 파고를 넘을 것인가? 만일 앞으로도 '신북방정책'이 국가의

---

45 필자의 경험으로는 특히 한국의 북한 전문가 그룹에서 이러한 태도와 경향이 강한 것으로 보인다.

미래를 결정할 중대한 정책이라고 믿는다면, 차기 정부에서도 '신북방정책'이 중단 없이 지속되어야 한다고 주장한다면, 이제는 조급증을 버리고 지나온 과정을 복기하면서 정책의 오류들을 되짚어 보는 것이 필요하다. 단기 성과의 유무에 일희일비할 것이 아니라, 차분하게 긴 호흡과 넓은 안목으로 과연 신북방정책은 무엇이어야 하는지 정체성과 성격을 명확하게 설정하고, 그에 따라 전략과 정책을 순차적으로 설계해가는 자세가 필요하다.

4. 북방 전문가 양성: 결국은 사람이다!

화려한 미사여구와 슬로건으로 꾸민 로드맵이 완성되더라도 사업을 실행하는 것은 결국 사람이다. 정책을 총괄 지휘하는 최고 지도자부터 주무부서의 담당자까지 신북방정책의 필요성에 공감하고, 한계를 극복하겠다는 의지를 가진 '리더'가 있어야 하는데, 한국은 사실 이 지점에서 좋은 점수를 받기 어렵다.

시장 공간의 확대와 시장 논리의 심화로 표출되는 신자유주의 이데올로기가 이미 교육시장을 지배한 지는 오래되었다. 주지하듯이 대학들이 저마다 구조조정의 벼랑 끝에서 위태롭게 재정 운용에 몰두하고 있는데 대한민국의 백년지대계를 꿈꾸며 북방 전문가를 양성하라고 요구한다면 누가 그 말을 듣겠는가? 대학 당국자들은 지금 당장 글로벌 다국적기업의 이익 실현에 복무할 수 있는 인재를 키우는 것만이 살길이라고 외치고 있다. 이 지경에 이르렀는데 미래에 찾아올 '투자붐'을 기대하며 척박한 북방의 꿈나무를 키우라는 요구가 가당키나 한 것인가?

1990년대 초 '북방정책'의 거대한 물결을 따라 소련 유학길에 오르고, 또 유라시아를 연구한 뒤 귀국하여 각계에서 왕성한 활동을 펼쳤던 전문가들마저 무대에서 퇴장할 날이 임박한 상황이다. 지금 후속세대의 단절은 심각한 지경에 이르렀고, 전문가 양성을 위한 교육 체계는 완전히 무력화(無力化)되었다. 이 지경에 이르렀는데 '신북방정책'의 성과를 거론하고 있다면, 이건 그야말로 뒤틀린 세계를 보는 느낌이다.

문제의 심각성은 이 현상이 결코 학계에만 국한된 것은 아니라는 데 있다. 과거 시민사회에서, 그리고 업계에서 왕성한 활동을 했던 '북방'전문가들이 이제는 초로의 길에 들어서 신화처럼 북방 개척의 무용담을 전하는 상황이 되어가고 있다. 이런 지경에 이르렀는데도 청년세대의 북방 전문가를 양성하는 과제는 간단하게 무시된다. 문재인 정부도 북방 전문가 양성 및 충원과 관련된 정책에는 특별한 노력을 기울이지 않았다. 신북방정책 실행 과제들 중에 청년 후속세대의 전문가 양성을 위한 교육 사업은 포함되지 않았다. 물론 '유라시아청년아카데미'란 이름으로 대학생들이 중앙아시아 진출 사업 아이템 경쟁을 하는 공모 연수 사업이 진행되기는 했지만, 그것은 단기적인 이벤트 성격의 사업이었다. 중장기 교육 과정의 혁신과 정규 교과과정의 개편을 동반하는 교육 프로그램은 아니었다.

만일 정부가 시장 논리에만 기대어 북방 전문가 양성을 기대한다면 '신북방정책'에는 결코 미래가 없을 것이다. 이런 논리적 구조라면

'신북방정책' 그 자체가 자기모순이다. 직설적으로 경제적인 측면에서 빗대어 표현하자면, 북방이 글로벌 자본주의의 재생산구조에 완전히 흡수되어 보편적인 시장논리가 관철되는 공간이라면 왜 특별한 의미를 갖는 '신북방정책'이 필요한가? '특별한 공간'이기 때문에 '특별한 지식'으로 무장한 전문가가 필요하고, '특별한 정책'으로 뒷받침을 하고 '특별한 사명'을 요구해야 하는 것이다. 정부가 중장기 비전 속에서 긴 호흡으로 북방 전문가를 양성하고 충원하는 시스템을 구축하는 것은 '신북방정책'의 인프라를 구축하는 것이다. 당장의 성과를 확신할 수 없다고 그 막중한 책임을 회피해서는 안된다. 신북방정책을 총괄 지휘하는 최고 지도자는 바로 북방 전문가 양성이 '지속적으로, 안정적으로, 은밀하게' 북방으로 가는 길을 놓는 것임을 깊이 인식해야 한다.

결국은 사람이다! 무변광대(無邊廣大)한 북방과의 협력에서 미래를 설계하는 청년세대가 많이 배출되어야 현실을 바꾸는 힘이 만들어진다. 이제라도 북방 전문가 교육 프로그램을 운영하는 지역학 대학(원)에 대한 재정지원과 인력의 선발 및 충원 등과 관련된 종합적인 국가지원체계를 마련해야 한다. 혹은 한국개발연구원(KDI)처럼 대외경제정책연구원(KIEP) 산하에 전문대학원을 설립하는 방안도 검토할 수 있을 것이다. 시범적으로 산업연구원, 한국교통연구원, 에너지경제연구원 등 신북방정책과 긴밀하게 연관된 국책연구원들이 함께 북방전문가 양성 프로그램을 운영해보고, 점진적으로 정규 대학원 과정으로 발전시켜나간다면 이론과 실제를 겸비한 인력을 양성하는 데 크게 기여할 것이다.

5. 신북방정책의 거버넌스: 과연 북방경제협력위원회는 '컨트롤 타워'인가?

흔히 논자들은 신북방정책과 관련하여 거버넌스 측면의 제도적 장치와 '컨트롤 타워'를 마련한 것을 중요한 성과로 꼽는다. 과거에는 국토부, 해수부, 과기부 등 해당부서가 관련 북방사업을 주도했지만, 총괄 지휘자가 없었다. 다행이라면 이번 정부에서는 대통령 직속 북방경제협력위원회가 전담기구로 설립되어 해당 부서의 이해관계를 조정할 수 있게 되었다.[46]

원래 '신북방정책'을 강력하게 주문했던 전문가들 사이에는 청와대 내부에 과거 참여정부 시기의 '동북아비서관'직과 마찬가지로 '북방비서관'직을 신설하여 운영하는 것이 바람직하다는 의견을 제시하였다. 그러나 결국 정책에는 제대로 반영되지 못했고, 차선책으로 기재부 등 주무장관들이 위원으로 참여하는 높은 위상의 북방경제협력위원회를 설립하여 전략을 수립하고 부처의 의견을 조율하는 것으로 정리되었다.[47] 대신 초기에 청와대 조직도 상으로는 대통령의 '경제보좌관'이 신북방·신남방정책을 '보좌'하고, 통상비서관이 북방경제

---

[46] 북방경제협력위원회가 스스로 규정하고 있는 역할은 대외적으로는 북방국가(관련기관)와의 다양한 협의 채널 구축이고, 대내적으로는 정책 기본방향 설정, 정책집행 등에 있어서의 컨트롤 타워 역할이다. "(북방경제협력)위원회의 역할," http://www.bukbang.go.kr/bukbang/issue_news/introduce2/roles/, (검색일:2019.12.04).

[47] 전담부처의 필요성에 대해서는 이미 폭넓은 공감대가 형성되었다. 일본의 대러 정책에서 교훈을 얻어야 한다는 비판의 목소리도 여기에 힘을 보태게 되었다. 러일 정상은 2016년 5월 소치 정상회담에서 제시된 8개 항 경제협력 구상의 실현방안을 논의했으며, 일본의 아베 총리는 대러 협력에 대한 진정성을 보여주기 위해 '러시아 경제 분야 협력담당 장관'직을 신설했다. 세코 히로시게 경제통상산업성 장관이 겸직하며, 관련 부처 및 기관의 대러 협력 체계를 마련하는 동시에 협력사업 현실화를 위한 제반 사항을 총괄한다. 박정호·강부균·민지영, "러·일 경제관계 진전과 한국에 대한 시사점," KIEP 오늘의 세계경제 17(19) (2017), p.14.

협력위원회 지원단장을 맡는 것으로 출발했다가 지금은 경제보좌관이 통괄하고 신남방·신북방비서관이 전담하는 것으로 되어 있다.

물론 북방경제협력위원회의 설립에 따라 정부 부처 간 협업체계의 성과가 가시화되는 등 일부 긍정적인 성과도 있었다. 그러나 거버넌스 측면에서 완결성을 갖는 구조를 구축했다고 평가하기에는 미흡한 점이 너무 많다. 일부 전문가는 현재 북방경제협력위원회가 대통령에게 정책제언을 하는 기관으로서는 조직이 비대하고, 반대로 위원의 전문성은 약하다고 평가하면서 역할 정체성(role identity)을 다시 찾을 것을 주문하고 있다.[48]

그렇지만 여기에서 '위원 구성'의 문제가 핵심적인 문제는 아니다. 이 대목에서 과연 북방경제협력위원회가 '컨트롤 타워'로서 제 역할을 다할 수 있는가라는 근본적인 문제 제기가 필요하다. 설사 전문성을 갖춘 위원을 선발하는 데 성공했다고 하더라도, 그리고 최적화된 적정 규모의 위원회를 구성하는 데 성공했더라도 극복할 수 없는 한계가 있다면 어찌할 것인가?

몇 가지 측면에서 논의를 전개해보자. 특정 부처가 주도할 수 없는 사업이기에 대통령 직속의 특정 위원회를 구성하는 것이지만, 위원회 내부에는 여전히 부처의 논리 구조가 직간접적으로 작동한다. 현실에서는 위원회 위원장이 파견 공무원들의 근무성적평정에 실질적인 영향력을 행사할 수 없는데, 과연 어떻게 '신북방정책 총괄 지휘부'로서 힘을 발휘할 수 있겠는가? 이러한 문제는 비단 북방경제협

---

48 엄구호, "新북방정책의 제약과 발전 방안," 한러정경포럼(유라시아와 동북아, 그리고 한반도: 새로운 한-러협력의 전망) 발표자료. (2019.12.05).

력위원회에만 존재하는 것은 아니다. 안타깝게도 필자와 대화를 나눈 여러 위원회의 위원장들은 동일한 성격의 문제를 지적했고, 관료사회의 저항과 사보타주 등을 거론하며 무력감을 털어놓기도 했다.

따라서 만일 차기 정부에서도 '위원회'라는 조직을 통해 정책을 실행하려고 한다면, 최소한 위원장 등이 파견 공무원들의 근무성적평정 등에 참여할 수 있도록 인사권 확대 조치가 뒤따라야 할 것이다. 흔히 위원회 조직을 가리켜 '옥상옥'이라 비난하지만, 그것이 존립하는 이유는 현실의 공무원 조직 체계에서는 불가능한 문제들이 존립하기에 '우회'하는 것이 아니겠는가? 그렇다면 제대로 일할 수 있는 환경을 만들어야 한다. 아무리 거대한 예산이 뒷받침되는 대규모의 위원회를 조직해도 활력이 없는 조직이라면 독립적인 역할 수행이 불가능하다는 것을 직시해야 한다.

또한 차기 정부에서 신북방정책을 재구성한다면 조직·제도상의 일대 혁신이 필요하다. 앞서 언급한대로 북방경제협력위원회가 명목적으로는 '컨트롤 타워'이지만, 실질적으로는 무력한 조직이었다. 사실 위원회 조직이 정책을 주도할 수 있는지에 대한 근본적인 회의가 크다. 과거 박근혜 정부 시기의 '통준위'와 비교해서도 현재의 북방경제협력위원회는 역할만 놓고 보면 많은 점에서 유사한 측면을 갖고 있으나, 실질적인 운용 측면에서는 더 많은 문제점을 갖고 있다고 보는 사람들이 많다. 위원회 소속 위원들이 정책 기획 및 연구에 직접 참여할 수 없도록 제한하고 있어 그들의 적극적인 참여를 견인할 유인요소가 부족하다. 이것은 위원회 소속 전문가들의 창의적인 아이디어를 자연스럽게 정책화하는 경로를 차단한다는 것도 의미하는데,

결과적으로 그들을 수동적인 관찰자나 단순한 자문위원으로 격하시키는 사태를 낳기도 한다. 정권 초기와 달리 임기 후반부로 갈수록 대통령 직속 위원회가 무력화되는데, 이러한 여건에서 사업 행태는 부처 주도형으로 원점 회귀할 가능성이 높다.

북방경제협력위원회는 대통령 직속 위원회의 위상을 갖지만, 여전히 위원회로서의 태생적 한계를 극복하지 못했다. 시간이 갈수록 관료조직으로서의 단점과 한계가 부각되었다. 북방경제협력위원회에 파견된 관료들의 근무 기간이 1년 미만에 불과하고 잦은 교체로 전문성을 확보하지 못할 뿐만 아니라, 조직의 '조정기능'에 충실하게 복무하기보다는 파견 부처의 관심과 이익을 적극적으로 옹호하거나 그것에 맞지 않으면 기피 또는 외면하는 문제점을 노출했다. 이것은 단지 북방경제협력위원회에 국한된 문제가 아니었다. 사실상 거의 모든 위원회에 해당되는 문제이다. 이것을 해결하지 못한다면 다음 정부에서도 상황은 반복될 것이다. 위원회의 규모를 키우고 예산을 늘린다고, 기획, 집행, 조정 능력이 달라지는 것은 아니다. 파견 관료들의 북방에 대한 지식과 경험이 부족하다면, 그들의 북방에 대한 사고가 심각하게 왜곡되어 있다면 '전방' 선도 조직으로서의 능력을 발휘하기는 어렵다. 그저 소속 부처의 스피커이거나 메신저 역할에 머무를 공산이 크다.

그래서 변화가 필요하다. 우선 청와대 조직 내에 북방비서관직이 계속 설치되어 전문성을 갖춘 인재가 기획 조정 능력을 발휘할 수 있도록 해야 한다. 경험과 지식이 축적된 전문가가 청와대에서 부처와 위원회의 북방사업을 총괄 지휘할 수 있어야만 '북방정책'은 일관성을 유지하며 제 갈 길을 간다. 전담인력 배치와 조직의 뒷받침이 없다면 '신북방정책'은 그저 장식에 불과할 뿐이다.

'북방사업'은 결코 시장과 무관할 수 없지만, 그것을 움직이는 추동력은 '시황'이 아니라 확고한 미래 비전과 치밀한 국가전략에서 나온다. 기제와 원천을 혼동하지 말아야 한다. 그래서 북방경제협력위원회의 성격을 기업형 인큐베이터 '공사'조직으로 전환하는 방안도 검토할 필요가 있다. 신북방정책에는 상대가 있는 법인데, 러시아의 경우에는 '극동북극개발부'와 '극동개발공사'가 주도적인 역할을 하고 있다. 우리도 '북방개발공사'(가칭) 같은 기업형 전담조직을 운용하고, 전문 인력을 충원함으로써 정책 집행의 효율성을 높여야 한다.

또한 개발시대 관료들의 순환보직 제도를 끝내고 북방에 대한 전문지식을 갖춘 정책관료들이 신북방정책의 최전선에서 지휘할 수 있도록 직업관료제도에 일대 혁신이 필요하다.[49] 한국사회의 관료자본제적 성격을 결코 무시할 수 없다면 북방 전문가로서 경험과 지식을 갖춘 관료의 절대적인 부족이 문제라는 데도 동의하게 될 것이다. 정책은 관료들이 집행하는데, 그들은 북방에 무지하거나 무관심하다! 어찌할 것인가? 30년간 보아온 익숙한 문제이다. 정상·고위급의 북방국가 순방 시에만 반짝할 뿐, 순환보직 제도 하에서 북방은 늘 관료들에게 '어렵고, 불편하고, 어두운' 대상으로 취급되어왔다. 어떻게 이것과 단절할 것인가? 직무군(직무열) 체계로 전환하자는 제안이 받아들여진다면 문제점들이 많이 개선되겠지만, 북방 전문인력의 양성

---

49 대한민국의 관료제도의 혁신에 대해서는 다음을 참고. 김태유, 김연배, 『한국의 시간』(서울: 샘앤파커스, 2021), pp.270-280.

및 정책관료들의 충원 등을 상호 연계하여 접근하는 노력이 필요하다. 그래서 이것은 단순한 신북방정책의 문제로 끝날 사안이 아니다. 한국 관료사회의 직제 개편의 문제, 전문인력의 양성 및 충원과 관련된 전반의 문제 등을 총체적으로 개혁하는 과제와 연계하여 해결책을 마련해야 한다.

6. 신북방정책의 비전과 의제: 상대국의 관점에서 다시보기

돌아보면 신북방정책의 비전·전략·목표·과제 수립에서 유연성, 현실적합성, 창의성 등을 발휘하지 못했다. 누가 뭐라 해도 '9-브릿지'가 문재인 정부의 '신북방정책'을 압축적으로 표현한다.[50] 그런데 슬로건이라는 것에는 동의하겠지만, 도대체 그 본질과 성격이 무엇인지는 아직도 불명확하다. 이것이 전략인가? 목표인가? 수단인가? 과제인가?

바로 여기에서 적잖은 문제들이 시작되었다.

첫째, '9-브릿지'의 면면을 보자. 철도, 가스, 전력, 북극항로 등등 하나같이 대규모의 자본이 필요하고, 오랜 시간이 소요되는 중후장대 인프라 네트워크 사업인지라 단기간에 성과를 낼 수도 없고, 북한의 영토를 통과하는 사업이고, 또 주변국의 복잡하고 미묘한 국가전략과 지전략 등이 엉켜 영향을 미치니 한국과 러시아 양국이 합의한다고 성사될 수 있는 사업들도 아니었다.

---

50 대중들은 그렇게 이해하고 있고, 또 그렇게 이 '브랜드'는 유통되고, 소비되어 왔다.

그러니 지금까지 '9-브릿지'중 무엇 하나 이룬 것이 없다고 비난하는 것은 공정하지 못하다. '9-브릿지'에 열거된 사업들은 이르던 늦던 언젠가는 실현해야 할 미래 구상이었다. 기실 문제는 너무나 크고 무거운 거대사업(담론)이 의제의 중심을 차지함으로써, 적시에 한-러 경협 수요의 역동적인 변화를 파악하지 못했고, 조기에 잠재력을 현실로 전환하는 성공 사례를 만들지 못했다는 데 있다. '신북방정책'에 활력을 불어넣는 선순환의 기제를 만들지 못하니 해가 갈수록 관심과 동력이 떨어진 것이다.

둘째, '9-브릿지'의 '브랜드' 효과는 지대했는지 모르지만, 이것은 그저 '전략적 협력'부문을 열거한 것인데 마치 '신북방정책'의 '전략'인 것처럼 오인된 측면이 있다. 그 결과 '신북방정책'은 '전략'이 부재한 가운데 '9-브릿지'가 모든 내용과 구성, 목표와 방향을 단순화하고 결정해버리고 말았다. 물론 나중에 북방경제협력위원회가 구성되어 '신북방정책 로드맵'을 만드는 과정에서 목표, 중점과제, 추진전략 등을 구체화하기는 했지만, 이미 '신북방정책=9-브릿지'라는 허망한 등식을 깨는 데는 한계가 있었다.

셋째, 문재인 정부는 불행하게도 '인수위'를 구성하지 못했다. 그래서 '선거공약'을 정책 의제로 정교하게 다듬고, 전문가와의 토론과 검증 과정을 거쳐 실천 과제를 정립하는 시간적인 여유를 갖지 못했다. 북방경제협력위원회가 구성되기 3개월 전인 2017년 9월 6~7일 제3차 동방경제포럼(블라디보스톡)에 참가한 문재인 대통령은 '신북방정책 로드맵'이 수립되지 않은 상황에서 '9-브릿지'를 전격적으로 선언했다. 국제무대에서 신정부의 '신북방정책'에 대한 확고한 의지를 밝히는 긍정적 효과를 기대했지만, '9-브릿지'선언은 이후 대내외적으로 정책 운용의 폭을 제약하는 족쇄가 되어버렸다. 대통령이 공개 선언을 한 이상 '9-브릿지'는 대체할 수 없는 신북방정책의 핵심어가 되고 말았다. 모든 것은 '9-브릿지'로 시작되고, 그것을 통해 연결되고 확장되는 고리가 되었다. 협력 부문을 열거한 '9-브릿지'가 '전략'으로 오인되거나 '전략'을 압축적으로 대표하는 '정언명제'가 된 것이다. 이 상황에서 '무엇'을 고민하든, 또 '어떻게' 대응하든 그것은 모두 다 '9-브릿지'를 채색하거나 설명하는 보조적 역할에 머물게 된다. '9-브릿지'가 부각될수록 국내에서 '신북방정책'의 실효성에 대한 회의는 더욱 깊어지고, 반대로 남북러 삼각협력에 대한 러시아측의 요구는 더욱 강해지는 모순적인 상황이 연출되었다. 시간이 지나면서 러시아는 결국 아무것도 이루어지지 않는 데 실망감을 표출하기 시작했고, 급기야 우리는 푸틴 대통령이 언론에 대놓고 '대한민국의 주권 결핍을 운운하는' 참담한 상황을 보게 되었다. 허명무실한 의제 만들기와 준비 없이 결행하는 조급증, 엉킨 스텝이 얼마나 참담한 결과를 가져오는지 증거하고 있다.

차기 정부에서 신북방정책을 재설계한다면 무엇보다도 중점과제를 발굴하고 협력 의제를 설정하는 데 있어 상대국의 수요를 파악하는 것이 중시되고 선행되어야 한다. 앞서 언급한대로 문재인 정부가 '신북방정책'을 수립하는 과정에서는 이 과정이 생략되었다. 슬픈 현실이지만 '로드맵'이 완성된 후 사후적으로 조사를 진행하는 일이 일어나기도 했다. 그렇기 때문에 '9-브릿지'는 발표 이후 여러 시기에 걸쳐 '9-브릿지+α'형태로 협력 부문이 부가되거나, 처음과 달리 '9-브릿지'의 협력 부문이 부분적으로 교체되는 상황이 발생하기도 했다.

북방의 전문가들은 말한다. 협력 정책을 구상할 때 '우리가 하고 싶은 것, 우리가 잘 하는 것'부터 사고하는 것이 아니라 '협력 상대국이 절실하게 원하는 것, 그들의 이익 실현이 기대되는 것'부터 최우선적으로 고려하는 발상의 전환이 필요하다. 민간기업 단위에서야 지금 당장이라도 이익을 실현할 수 있는 매력적인 투자 사업이 성사되는 것이 좋지만, '신북방정책'은 좀 더 큰 그림을 그려야 한다. 기업들의 관심을 충족시키고, 그들의 애로사항을 해소해주는 것도 중요하지만, 정부 차원의 정책 결정과 방향은 보다 중장기적인 전망 속에서 북방의 '성장 에너지'를 주목하고, 한국과의 포괄적인 협력 및 연대의 기반을 마련하는 사업에 주목할 필요가 있다.

그래서 한국의 공사들이 중앙아시아 국가들과의 협력에 보다 적극적으로 나서면서 그들의 개발 사업을 지원하고, 한국의 발전 경험과 노하우를 전수하는 것이 중요하다. 당장의 상업적 이익 실현이 아니라 그들의 '마음을 사는' 노력이 지속가능한 협력의 토대를 놓는 것이라는 인식의 전환이 필요하다. 러시아 극동 진출 전략을 수립할 때에도 러시아 중앙의 이해관계(원자재 수출 통로나 기지 구축)만을 고려할 것이 아니라 극동의 지역 주민의 필요, 지역의 사회경제적 발전에 초점을 맞춘 투자 진출 전략을 제시해야 한다. 극동의 정주 여건을 개선하는 사업(교육, 의료, 보건, 위생, 환경, 주택 등)에 적극적으로 동참하는 것이 중장기적으로 러시아(극동 주민)의 신뢰를 얻고 현지화를 가능하게 하는 것이라는 확신을 가져야 한다. 결론적으로 상대국의 관점에서 다시 볼 때 '우리가 무엇을 할 수 있는지', '우리가 무엇을 해야 하는지'가 보다 분명해진다.

7. 신북방정책의 공간적 범위: 선택과 집중의 문제

신북방정책의 공간적 범위를 지금처럼 유지해야 할지, 아니면 전략 공간의 선택과 자원의 집중이 필요할지 진지하게 고민해야 한다. 기존의 신북방정책의 정책 기조를 그대로 유지한다는 측면에서는 협력 대상국의 범위를 자주 바꾸기보다는 초기 설정된 협력의 범위를 그대로 유지해나가는 것이 필요하다. 물론 원칙적으로 여건과 상황의 변화에 따라 범위가 유연하게 조정될 수도 있지만, 사실상 '신북방정책'의 주요 사업들이 여러 이유로(1. 저유가시대, 2. 미국의 대북/대러 제재체제의 지속, 3. COVID-19의 여파 등) 현장에서 본격적으로 추진되지도 않았고, 정책의 주요 방향을 지금과는 다른 방향으로 전환해야 할 중대한 요인이 발생한 것도 아닌 이상 현재의 기조를 그대로 유지하는 것이 필요해 보인다. 협력 대상국 범위의 변화는 그것을 포괄하는 '북방'에 대한 이해를 혼란스럽게 하고, '북방'을 규정하는 구성요소들의 비정합성을 확대하는 불안 요인이 될 수도 있다.

현재의 '북방'은 물리적 측면의 유라시아 공간, 체제전환, 북한과의 접경 등의 요소를 부분적으로, 그리고 비균질적으로 포괄하고 있는데, 범위가 조정될 때는 '북방정책'을 추동시키는 논리적 토대가 무너지는 모순에 빠질 수도 있다. 현재 14개국에 달하는 신북방협력 대상국은 '북방'의 공간적 범위로 설정되는 데는 아무런 문제가 없지만,

과연 정책을 추진하는 전략의 관점에서 적합한가에 대한 의문이 제기된다. 만일 정책이 홍보 효과를 극대화하기 위한 것에 맞추어져 있다면, 그래서 원론적인 차원에서(또는 형식적인 수준에서!) 공간적 범위를 규정할 수는 있지만, 제한된 자원을 집중하고 정책을 추진하면서 경제주체들의 실행력을 높이기 위한 공간적 범위로는 너무 크다. 물론 협력 대상국이 14개국에 달하지만, 실제로 교류/협력이 추진되거나 관심을 집중하는 공간은 극히 일부에 불과하고, 따라서 프로그램과 로드맵으로는 협력 대상국으로 지정되어 있지만 실질 협력이 진행되지 않을 때 오히려 상대국들의 소외감과 불신을 증폭시킬 수 있다는 것도 고려해야 한다. 더구나 협력 대상국의 범위가 너무 넓으면 정책을 추진하는 주체들의 관심과 동력이 분산되고, 그에 따라 정책의 일관성이나 실효성이 떨어지는 부정적인 사례가 발생할 수도 있다. 따라서 처음 설정했던 공간적 범위를 그대로 유지하는 선에서 일부 국가들을 '전략 공간'으로 지정하고, 가능한 한 전략적으로 정책을 추진하는 것이 필요하다.

8. 한-러 양자협력과 남북러 삼각협력의 동시 병행 기조

2017년 제3차 동방경제포럼에서 문제인 대통령은 남북러 삼각협력에 기대를 걸면서도 일단은 한-러 양자협력에 집중하겠다는 의사를 표명했다. 경제영토 확장의 비전은 살려나가고, 가능한 현실에서 실질 협력을 만들어가겠다는 결연한 의지의 표명으로 받아들여졌다. 북방국가들도 남한이 '북한 환원주의의 덫'에서 벗어나 북방으로의 투자 진출을 본격화할 것으로 기대했다. 그런데 결과는 어떠했는가? 이후 북미정상회담과 남북정상회담이 급진전되면서 '동시병행 기조가 흔들렸다. 남북관계 개선 및 북핵위기 해소에 대한 조급한 기대, 마치 '북미관계만 개선되면 한방에 북방정책은 해결된다'는 낭만적 사고가 팽배하여 북방대륙 벡터의 동력이 꺼져갔다. 정부 관료들은 미국의 대북/대러제재가 동시에 작동하는 '쌍제재'하에서는 북방경제협력이 근본적으로 불가능하다는 논리로 응수했지만, 북방국가들은 남한의 고질적인 허풍과 공수표 발언 행태가 반복된 것으로 이해하고 있다. 근본적인 한계는 '쌍제재' 그 자체가 아니라 외부세계(특히 '미국')가 주조한 질서에 순응해왔던 정책결정자들의 관성적 사고, 무기력증, 북방에 대한 무지 또는 오해에 있는 것인데, 어떻게든 '쌍제재' 국면을 돌파해나가겠다는 결연한 의지는 전혀 읽을 수 없었다.

2020년 4월 27일 판문점 선언 2주년의 대통령의 대북 메시지에 주목해야 한다. 청와대 수석·보좌관회의에서 문재인 대통령은 국제대북제재가 완화될 때까지 기다리지 않고 독자적인 남북협력사업을 전개하겠다는 의지를 표명하며, 구체적으로 △코로나19 방역협력 △남북 철도연결 △비무장지대(DMZ) 국제평화지대화 △이산가족 상봉 및 실향민 상호 방문 등 4대 협력 사업 구상을 제안했다. 제재의 구속에서 벗어나려는 독자적인 남북협력 사업 추진이 신북방정책에 어떤 동력을 제공할지 여전히 의심스러웠지만, 남북협력과 북방협력은 본질적으로 상호 연동된 것이었기에 교착 국면을 뚫고 나갈 반전을 기대하는 분위기였다. 물론 이러한 결정이 미국이 주도하는 국제제재 체제에 대한 근본적인 회의에서 시작된 것인지, 코로나 19 사태에서 열린 '기회의 창'을 활용하려는 실용주의적 태도에서 비롯된 것인지는 불명확했지만, 당사국이자 문제 해결의 주체로서 행동을 시작하겠다는 의지의 표명 그 자체는 분명 긍정적인 신호로 받아들여졌다.

그러나 북한이 그 제의를 받지 않았다. 이후 상황은 우리가 알고 있는 그대로이다. 궤도이탈! 남북공동연락사무소 폭파(2020.06.16) 이후 모든 남북대화는 단절되었다! 그리고 남북을 직접 연결하는 통신 연락선이 2021년 7월 27일 13개월 만에 복원됐지만, 한미연합훈련이 시작되면서 다시 불통사태가 이어지고 있다.

과거 남북관계가 경색되거나 교착국면에 빠지면 '대륙을 향한 경제영토 개척'으로서의 북방정책이 일순간 '북한 환원주의'로 귀결되고, 미시적 국면의 변동성에 흔들려 '북방정책'이 출렁거리는 사태가 반복되었다.[51] 지금 돌아보니 문재인 정부의 '신북방정책'도 그런 행태에서 결코 자유롭지 못했다. 불행하게도 한-러 양자협력과 남북러 삼각협력의 동시병행 기조가 무너진 상태에서 남북관계가 경색될수록 관계 개선에 대한 기대와 조바심은 더욱 커졌고, 정책의 무게중심은 북으로 기울었다. 그리고 점차 북방 대륙을 향한 정책의 동력은 약화되었다. 신남방과 비교할 수 없을 정도로 한참 주변부로 밀려난 것이다. 일관성의 상실이고, 원점회귀이다. '신박한' 공약 명명에 몰두하고, 화려한 이벤트성 행사 개최에 주력했지만 '신북방정책'의 철학을 철저하게 전유화하지 못했다는 것을 증거하는 것이다.

---

51 신범식, "신(新)북방정책과 한러관계 전망," 『성균차이나브리프』 6(1) (2018), pp.129-130.

지금의 추세라면 바이든 정부 하에서도 미국의 대러 제재는 지속될 것으로 예측된다. 따라서 무력하게 제재 이슈가 해소되기만을 기다린다면 신북방정책에 대한 기대는 무망한 것이 될 공산이 크다. 오히려 제재 리스크를 최소화하고 회피하는 방안을 적극적으로 모색해야 한다. 사실 미국의 대러 제재 하에서 대한민국은 '지레 겁먹고' 대러 경협을 회피해왔던 측면을 인정해야 한다. 그러나 독일 등 EU와 미국의 일부 기업들은 우회 투자 등을 통해 대러 협력을 강화했다. 대러 제재에 불참한 한국의 기업들이 서방의 제재 주도국의 기업들보다도 대러 투자에 수동적이었던 이유는 무엇 때문이었는지 냉철하게 분석해야 한다. 그리고 대북·대러 제재가 동시에 작동되는 초유의 쌍제재 상황에서 현실적으로 남북러 삼각협력 관련 사업을 본격화하는 것이 곤란한 상황이라면 무엇을 해야 하는지 고민해야 한다. 일단 러시아가 大유라시아(Greater Eurasia) 전략 구도 하에서 협력을 강화하고 있는 제3국(베트남, 인도, 이란, ASEAN 등)을 상대로 공동 투자 진출 등으로 협력 기반을 구축하면서 경험을 축적하고, 상황 변화에 따라 대러 'entry' 전략과 활로를 모색하는 등 우회 전략을 고민해볼 필요가 있다. 그리고 미국의 대러 제재가 완화될 경우도 가정하여 대러 협력을 강화할 수 있는 다각적인 대안을 준비하고 있어야 한다.

원칙이 흔들려서는 안된다. 남북러 삼각협력사업은 한반도 평화 프로세스를 진전시키는 데 매력적인 요소가 많다. 그러나 그것에 몰두한다고 한-러 양자협력에 무관심할 수는 없다. 동시 병행 기조가 맞지만, 시대 상황에 따라서는 둘 중 하나에 집중할 필요도 있다. 지금은 한-러 실질협력을 가동시켜 남북러 협력을 추동시키는 발판을 구축하는 전략적 사고가 필요한 시점이다.

9. 신남방·신북방정책의 거버넌스 조직 통합

신북방정책이 신남방정책과 함께 '동북아플러스 책임공동체 구현' 과제를 실현하는 하나의 축이라고 한다면, 이들에 대한 거버넌스 조직을 하나로 통합해가는 것이 필요하다. 차기 정부에서도 신남방정책과 신북방정책이 '지역정책'의 일환으로 계속 추진된다면 하나의 단일한 전략적 구도로 통합되는 것이 바람직해 보인다. 이미 중국의 일대일로가 그와 같은 경로를 따라 해륙복합벨트 구축으로 나가고 있고, 러시아가 大유라시아(Greater Eurasia) 전략 구도 하에서 인도를 품고, ASEAN과의 협력을 강화하는 노력이 경주되고 있다. 크게 보면 우리의 신남방정책, 신북방정책과 궤를 같이하는 그림이다.

따라서 인도-태평양 전략의 공간적 구도이든, 大유라시아 전략의 공간적 구도이든 우리로서는 신북방의 전략 공간과 신남방의 전략 공간을 통합적 구도에서 접근하는 노력이 필요하다. 급격하게 변화하는 공급사슬의 측면을 고려하든, 남방-북방의 상호 연계 속에서 한국의 지정학적 자산과 가치를 높이는 전략을 고려하든, 통합된 거버넌스 조직이 효율성 측면에서도 바람직해 보인다.

물론 거버넌스의 통합이 두 정책에 대한 접근법의 일치를 전제하는 것은 아니다. 신남방정책은 3P(사람, 번영, 평화)의 전략원칙을 제시한 바 있지만, 신북방정책은 '평화와 번영의 북방경제공동체'를 비전으로 설정했지 처음부터 3P 원칙을 공유한 것은 아니었다. 뒤늦게 신남방정책과 신북방정책을 3P 원칙으로 엮는 작업이 진행되고 있는데, 신북방정책에서 '사람'의 원칙을 어떻게 설정할지 아직은 모호하다.

시장의 관점에서도 둘 사이에는 일정한 차별성이 존재한다. 단순화해서 말하자면 신남방정책은 '존재하는 시장'의 규모를 키우고 질적 도약을 도모하는 것이지만, 신북방정책은 '잠재력'을 '현실'로 바꾸고 '시장'을 만들어가는 것이다. 신남방정책과 달리 신북방정책에서는 '시장'을 만들고 경제주체들의 협력을 견인하는 '비상한 과제들'을 실행해야 한다. 따라서 정부의 역할이 강조될 수밖에 없다. 더구나 체제, 제도, 문화 측면에서 '국가자본주의(state capitalism)' 성격이 아주 뚜렷한 북방국가들을 상대로 협력의 축을 만들기 위해서는 정부가 좀 더 주도적인 역할을 담당해야 한다. 통상적으로 북방지역에서도 시장진출과 관련해서는 민간의 주도적인 역할이 강조되고 있지만, 정부-민간 사이에 어떻게 역할과 기능을 분담할 것인가는 숙제로 남아 있다.

이러한 차이에도 불구하고 시간이 지날수록 남방과 북방의 벨트 사이에는 국가 간 상호 침투와 연계가 더욱 강화될 것으로 전망된다. 중국의 실크로드가 대륙의 길과 바닷길을 연계하듯이, 러시아의 신동방정책과 남북국제운송회랑, 그리고 大유라시아전략이 대륙과 해양을 복합운송으로 연계하는 전략 지형을 만들어가고 있다. 따라서 우리도 이러한 복합 전략 환경에 대응하는 전략을 구사할 필요가 있다. 결론적으로 향후 시너지 효과를 고려하더라도 조직적인 측면에서는 신남방정책과 신북방정책 사이에 거버넌스를 통합하고, 기능적으로 자원과 역할을 재배치하고 효율화하는 것이 필요하다.

유라시아 21

제6장

한반도 비핵화·평화프로세스와 러시아의 역할

서 동 주 ㅣ 유라시아정책연구원

이 글에서는 '한반도 비핵화·평화프로세스와 러시아의 역할' 문제를 다룬다. 현재 진행 중인 한반도 비핵화와 평화프로세스 이행에서 러시아의 역할을 살펴보고 러시아의 건설적인 역할 제고를 통해 역내 평화체제 구축에 기여할 수 있는 방안을 찾아보고 함께 논의해 보려는 것이다. 이론적 탐구보다는 현안 해결과 정책적 측면에 무게를 두고 접근한다.

구체적으로 유라시아와 동아시아 질서 재편, 한반도 평화프로세스 이행, 대북, 대러 제재 국면 속에서 한국과 러시아의 새로운 역할과 과제는 무엇인가?, 러시아의 한반도에 대한 접근 인식은 어떠하며, 북한의 핵·미사일 문제에 대한 입장과 대응은 무엇인가?, 북한 비핵화와 평화프로세스 과정에서 러시아는 어떤 역할을 할 수 있으며, 구체적으로 실행에 옮길 수 있는 것은 무엇인지?, 러시아의 역할을 어떻게 평가할 수 있으며, 한·러 간 협력할 수 있는 사안으로 무엇이 있는가? 등의 질의에 대한 답을 구해 보고자 한다.

1. 한반도 비핵화·평화프로세스 전개와 특징

북한 비핵화 과정과 북·미 협상, 평화프로세스 이행은 2차 북·미 정상회담 전후와 바이든 행정부 출범 이후를 기점으로 이전과 다른 모습을 나타내고 있다.

무엇보다 '한반도 비핵화와 평화체제'를 구축해 나가는 방법이 탑-다운(top-down) 형식으로 다루어 졌으나, 바이든 행정부 출범 이후는 정상회담 보다는 밑에서부터 시작하는 실무적 차원에서의 대화와 협상을 우선시하고 있다.

둘째, 문재인 정부의 초기에는 북·미 간 중재 노력이 중요하게 작용해 세 차례의 남북 정상회담 등 남북관계가 개선되었고, 2017년 핵 위기 상황에 견주어 볼 때 한반도 안정과 평화정착 분위기가 조성되었다. 한국의 중재자적, 촉진자적 역할이 효과를 발휘하였다. 반면 현재는 제2차 북미 정상회담에서의 합의가 도출되지 않은 여파 속에 북한의 문재인 정부에 대한 비판과 불신이 증대되고, 북·미 간 중재자적 역할과 남북관계 모습 역시 이전에 비해 더욱 경색된 상황에 놓여 있다.

셋째, 미국과 북한 간 협상과 대화는 '한반도 비핵화'에 대한 인식 차이를 보인 가운데 처음에는 'CVID 대 CVIG'의 구도였으나, 이후 종전선언을 포함해 '선 완전한 비핵화와 후 제재 완화(해제)', 핵시설 신고와 검증, 상응 조치 등 세부 사항을 둘러싼 이견이 나타났으며 상호 양보하지 않고 있는 상황이다. 트럼프 행정부 당시 북미 간 협상 과정에 중국의 쌍중단(雙中斷, 북한 핵·미사일 도발과 한미 연합군사

훈련 중단)과 **쌍궤병행**(雙軌竝行, 북한 핵포기와 북미 간 평화협정 동시 추진), 러시아가 주장한 3단계 해법의 양태도 나타났으며 단계적 동시적 해법이 중요하게 대두된 바 있다. 한반도 비핵화와 평화정착 문제는 여전히 실현 가능성과 한계의 모습을 동시에 담고 있다.

넷째, 미-중 패권 경쟁이 심화되고 있는 가운데 중국의 대미 전략적 지렛대로의 북한 활용 측면과 바이든 신정부의 대외정책 특성이 적지 않은 영향 요인으로 작용하고 있다. 반면에 러시아는 전체적으로 존재감이 크게 나타나 보이지 않는다. 중국과 연합해 유엔에서의 대북 제재 해제를 요구하는 활동을 하였으나, 전체적으로 사안에 개입을 자제하고 있는 모습이다. 한반도에서 러시아의 역량과 위상이 제한적임을 반영하는 것이기도 하며, 러시아의 한계점이기도 하다. 러시아내 한반도 전문가들은 이러한 평가에 동의하지 않지만 한반도에 대한 관여의 정도가 낮은 인식의 일단을 엿볼 수 있다.

다섯째, 향후 전망과 관련하여 낙관론과 회의론이 혼재되어 있다. 지난 20여년 넘게 진행된 비핵화 협상 과정에서 오해와 불신이 누적되어 왔고 실패의 경험도 남아 있다. 그만큼 양국 간 신뢰 쌓기가 쉽지 않은 상황에서 정상회담, 실무 협상을 통해서 과연 이를 극복해 나갈 수 있을지에 대한 관심이 모아지고 있다. 스몰딜(small deal) 미들딜(middle deal), 빅딜(big deal) 등이 회자되고 '일괄타결', '단계적 동시적 해법', '가시적이고 구체적인 추가 비핵화 조치', '비핵화 로드맵'등 다양한 기준점이 제시되고 있다는 것 역시 주목된다.

현재 북한은 '강대강, 선대선' 원칙, 적대적 관계 청산을 내세우고, 미국은 '조건 없는 대화, 대화를 위한 인센티브는 없다'는 원칙을 상호 견지한 가운데 비핵화 협상은 답보 내지 정체 상태에 놓여 있다. 앞으로 전개될 수 있는 비핵화 과정의 예상 시나리오는 첫째, 완전한 비핵화로 합의가 이루어지는 과정, 둘째, 불완전 비핵화 합의에 이르는 과정, 셋째, 동결된 협상 상태에 이르는 과정, 넷째, 협상이 중단 내지 결렬로 이어지는 과정 등의 4가지 유형으로 대별해 볼 수 있다.[52] 물론 이는 유형별로 복합적으로 적용되어 나타나기도 할 것이다. 앞으로 구체적인 비핵화 조치와 제재 해제 간 이견을 놓고 어떻게 접점을 찾아 합의를 이루는 가가 관건으로 남아있다.

2. 한반도 비핵화·평화프로세스 관련 러시아의 역할

러시아의 한반도에 대한 정책과 입장은 세계전략의 연장선에서 이뤄지고 있다. 현재 진행 중인 미중 패권 경쟁에 따른 유라시아와 동아시아질서 재편의 움직임과 연계되어 있다. 푸틴정부의 한반도 정책에 대한 기본적인 입장은 2012년 기고문에 언급된 내용과 크게 변함이 없어 보인다.[53] 북핵문제와 관련해 러시아는 ① 북한의 핵보유 불용, ② 한반도 비핵화 지지, ③ 군사적 해법 불가 및 정치적·외교적 해법의 강조, ④ 조건 없는 6자회담의 재개, ⑤ 북한과의 선린우호관계 발전을 이루면서 북한의 핵 포기 결정 유인 등을 줄곧 내세우고 있

---

52 김정기, "북미 간 비핵화 협상에 대한 러시아의 전략적 입장," 『중소연구』 제42권 제4호 (2019), pp.213-262.
53 "Россия и меняющийся мир(러시아와 변화하는 세계)," Московские Новости, 2012.2.27.

다. 러시아의 북핵 문제에 대한 해결책은 2017년 6월 이고르 모르굴로프(Igor Morgulov) 외무차관이 제시한 3단계 로드맵으로 집약된다. 이는 크게 보아 중국이 주장한 쌍중단, 쌍궤병행과 궤를 같이하며, 단지 한 단계 더 진전시켜 다자안보협력체제의 구상을 포함시킴으로써 독자성을 갖고자 했다.

러시아는 한반도 문제와 관련해 △ 북핵문제 해결의 '중재자', '촉진자', △ 한반도에서 전쟁 가능성을 억제하는 '세력균형자', △ 유엔 안보리 대북제재의 '설계자'이자 '이행자', △ 한반도 신경제 완성의 중요한 이해관계자 등으로 평가되고 있으며[54] △ 한반도 군사적 긴장 완화의 '조정자', △ 북한 체제 안전의 '후원자', '보장자' 등으로 대별된다.

구체적으로 러시아는 국제질서 재편의 측면에서 미·중 사이의 '전략적 균형자' 역할을 하고 있으며, 역내 세력균형이 유지되는 데 일조하고 있다. 러시아는 역내 세력균형을 이루는 전략적 추로서 작용하고 있으며, 현재 이 모습은 '미·일 동맹 대 중·러 전략적 동반자관계' 구도로 표출되고 있다. 러시아는 '유라시아권 동서 전략적 균형 도모'와 '세력균형의 유라시아 연대망 구축'을 역내 정책 목표로 삼고 실천에 옮겨 나가고 있는 것이다. 또한 러시아는 역내 안보 현안의 '조정자, 중재자'로서의 역할도 하고 있다. 북한 핵문제를 비롯한 한반도 안보 현안과 관련해 러시아는 당사자로 참여함은 물론 이를 조정하고 중재할 수 있는 위치에 있다. 역내 영향권과 위상의 측면에서 미, 중, 일에 비해 상대적으로 미흡하지만 북핵문제 해결에 중재, 조정

---

54 홍완석, "북한의 비핵화와 한반도 평화정착을 위한 문재인 정부의 대러 정책," 『슬라브연구』 vol.32 no.3 (2018), pp.27-50.

역할 등 한반도 안보 현안의 당사자로 참여하고 있다. 이밖에 북한 개혁·개방에 긍정적 영향 제공, 통일한국에의 후원자 등 바람직한 효과의 측면도 담고 있다고 본다.

　러시아의 역할과 관련하여 다음과 같은 특징이 나타나고 있다. 첫째, 전체적으로 소극적, 수동적, 관망적 성향이 강하다는 점이다. 러시아는 한반도 문제와 관련해 현상유지를 선호하는 가운데 낮은 정책 우선순위를 부여하고 있다. 앞에서 언급했듯 실질적인 영향력이 크지 않은 상태를 유지하고 있다. 사실 북핵 문제는 러시아의 대외정책에 있어 최우선 현안이 아니다. 크림반도 병합과 우크라이나 사태, 시리아·이란 문제, 미·러, 중·러 관계 향배, 서방의 대러 제재 등에 우선 대처할 수밖에 없다. 이에 러시아는 기본적으로 북핵 문제를 해결하기 위해 적극적이고 공세적으로 나서기 보다는 소극적·관망적 자세를 보여 왔으며, 조심스럽게 관여의 기회를 모색해왔다고 할 수 있다. 러시아의 긍정적인 역할이 발현되도록 하는 노력이 더 필요함을 시사한다.

　둘째, 반면 결정적인 순간에는 공세적이고 적극적으로 관여하는 모습을 보였다. 방코델타아시아(BDA) 북한 계좌 동결 문제 해결, 4자회담의 진행시 외교적 갈등 유발, 2017년 남북한 군사적 긴장 고조시 쌍방 자체 촉구 등이 이의 사례에 해당된다. 러시아는 핵실험과 미사일 발사 시험에 의해 한반도 안보 위기가 고조되었을 때마다 '관련 당사국들은 냉정하게 대처해야 하며, 사태를 악화시킬 어떠한 행동도 피해야 한다'고 유관국들의 자제를 촉구해왔다. 이는 남북한 동시 수교국으로서 남북 모두의 입장을 고려한 가운데 균형적 중재자 역할을 행동으로 옮긴 것이다. 러시아 나름대로 긴장 고조와 사태 악화 방지를 위해 노력하는 모습을 보여준 것이다.[55]

셋째, 유엔안보리 상임이사국의 위상을 적극 활용하고 있다. 러시아는 북핵 문제를 넘어 대량살상무기(WMD) 확산에 깊은 관심을 갖고 있으며, 핵확산금지조약(NPT) 체제의 유지, 국제원자력기구(IAEA)의 활동, UN 안보리 결의안 실행 등 '국제규범과 국제법의 준수' 측면을 강조하고 있다. 한반도 문제의 당사국이라는 점을 각인시키는 가운데 2270호, 2321호, 2397호 등 대북 제재 결의안 채택에 동참하였으며 대북 제재 위원회 활동에도 참여하고 있다.

넷째, 중국의 정책에 편승하는 모습을 띠고 있다. 북한 핵실험의 후속조치와 관련하여 러시아는 유엔 안보리에서 강력한 대북 제재에 기본적으로 찬성하나, 내용 면에서 북한체제에 심각한 타격을 줄 수 있는 사안이 포함되는 것에는 중국과 공조해 반대하고 있다. 러시아는 역내 질서 재편 움직임 속에 미일동맹 강화에 대응하는 한편, 사드 배치 문제, 북한 체제 붕괴 방지, 대북 제재 완화 등에 있어서는 중국과 공조 내지 편승하는 모습을 보이고 있는 것이다.

다섯째, 주변 정세를 활용하고 다측면의 전략적 고려를 하고 있다. 크게는 북미관계, 북중관계의 향배에 주목하면서 북러관계 개선을 도모하고, 대북 영향력 증대와 대미, 대중 견제의 전략적 지렛대로 활용하려는 의도도 담고 있다.[56] 남북한 등거리·균형 접근을 내세우며 대북 제재 해제를 요구하는가 하면 한국과의 경협 증진을 중시

---

55 서동주, 장세호, 『한러 전략적 협력의 쟁점과 과제』 (서울: 국가안보전략연구원, 2019).
56 서동주, "북러 정상회담(4.25) 평가와 시사점," 『이슈브리프』 15호. (2019).

하는 등 이중적 모습도 띠고 있다.

끝으로, 자국의 실익을 도모하는 실용주의적 측면을 관철하려 하고 있다. 남북관계 개선 분위기를 조성·활용해 남·북·러 3각 경협의 실현 등 경제적 실익을 얻고자 한다. 극동·시베리아 개발을 위한 우호적이고 안정적인 투자환경을 조성하는 데도 신경을 쓰고 있다. 나진-하산 물류 프로젝트에서 보듯 자국의 경제적 실익과 연계된 사안은 유엔안보리 대북 제재 초안 단계에서 변경해 관철하는 등 실용주의적 모습을 나타내었다. 러시아는 유엔 대북 제재에 예외 사안으로 되어 있음에도 불구하고 한국이 나진~하산 프로젝트에 참여하지 않고 아직 현실화되지 못한 점에 대해 아쉬움과 불만을 피력하고 있다.

3. 러시아의 역할 제고와 한·러 협력 방안

한반도 비핵화와 평화프로세스에서 러시아의 역할은 다양하다. 위에서 살펴보았듯이 사안에 따라 중재자, 촉진자(북핵 문제 해결에 개입·관여), 이해균형자, 조정자(한반도 군사적 긴장 완화)는 물론 후원자, 보장자(북한 체제 안전), 설계자, 이행자(유엔 안보리 대북 제재), 이해관계자(한반도 신경제) 등 다양한 내용을 담고 있다.

러시아가 한반도 평화와 번영을 위해 긍정적인 역할을 할 수 있도록 하는 노력이 긴요하다. 정책적 측면에서 고려해야 한 사안으로 우선 종합적으로 접근하면서 러시아와의 전략적 공동이해를 살려 나가도록 하는 자세가 필요하다. 유라시아 전략공간의 글로벌 질서 재편에 유념하면서 외교안보, 경제, 사회문화 등 전면적·포괄적 분야 협력, 한반도 평화프로세스 이행에 기여 등을 종합적으로 고려해 다뤄 나가는 것이다. 물론 한·러 간 공동 인식 제고와 이견의 극복·설득 노력도 필요하다. 한반도 평화 구축의 최대 관건은 '북한 변수'임을 염두에 두고 북핵문제 해결이 선결되어야 남·북·러 3각 경협 등이 실현 가능하다는 인식을 공유하도록 하는 것이다. 그간 러시아의 역할이 소극적, 수동적 측면이 강했던 점을 뛰어 넘어 이제는 적극적, 능동적인 성격으로 전환되도록 하는 외교적 노력도 병행해 나가야 할 것이다. 러시아가 보다 건설적, 능동적 역할을 발휘할 수 있는 여건을 마련하고, COVID-19 팬데믹 상황 하에서 현재 진행 중인 유라시아 전략공간의 재구성에도 함께 주목할 필요가 있다.

러시아의 건설적 역할 제고를 위한 한·러 협력 방안으로 다음과 같은 점을 검토해 볼 필요가 있다.

첫째, 한·러 고위급, 비핵화 전문가 간 교류 확대를 통한 전략적 소통의 확대이다. 한반도 평화교섭본부장의 러시아 외무차관과의 대러 접촉 지속, 차석대표 유선 협의(이문희 북핵외교 기획단장과 Oleg Burmistrov 북핵담당 특임대사)를 비롯해 한·러 정상회담 정례화, 차관급 전략대화, 정경포럼, 한러대화(KRD) 등 전략적 소통을 위한 인사교류를 지속하고 확대해 나가는 것이 긴요하다. 특히 러시아 모르굴로프 외무차관의 중재자적 역할에 보다 주목하고 지원할 필요가 있다. 모르굴로프는 미, 중 한반도 담당자와 수시로 회동하고 있으며, 최선희 북한 외무성 제1부상과 차관급 전략대화를 갖는(2019.11) 등 남북한 대화 채널을 병행할 수 있기 때문이다. 또한 외교부가 개최하고 있는 한반도 비핵화 전문가 라운드테이블에 러시아 전문가를 초빙하는 것도 고려해 볼 만하다.

둘째, 우크라이나와 카자흐스탄에서 실행된 비핵화 경험을 살려 '북한판 넌-루가 프로젝트'의 적용 가능성 검토이다. 위협감축 협력프로그램(CTR, The Nunn-Lugar Cooperative Threat Reduction)으로 알려진 넌-루가 프로젝트는 미국과 러시아의 공동 협력을 통해 결실을 맺은 것으로, 역내에서 미·러 갈등 양상을 완화하고 핵 폐기 협상 과정, 핵시설 사찰, 검증, 반출 등의 축적된 경험을 활용할 수 있는 장점을 지니고 있다. 이는 북한이 가난한 핵보유국으로 남지 않고 핵을 포기한 경제 신흥국으로 변모하도록 하는 것이며, 북한이 비핵화를 통해 진정으로 개혁·개방으로 나아가는 길을 돕는 것이기도 하다. 국제사회로의 편입 지원, 대북 인도적 지원 공동 협력을 포함해 러시아의 긍정적 역할이 기대되는 부문이다.

셋째, 대북 안전보장에 대한 러시아의 보장자 역할 수행에 관심을 기울일 필요가 있다. 한반도 평화체제 체결 보장자, 한반도에서 전쟁 가능성을 억제하는 '세력균형자'로서의 역할과 함께, 북한 체제의 보장자 역할을 수행하는 것이다. 러시아는 미국, 중국과 더불어 북한 지도부에게 체제 안정을 보장하고, 심리적 안정감을 부여할 수 있는 능력과 자격을 갖추고 있다. 완전한 비핵화를 이루더라도 북한이 정치권력과 체제를 유지할 수 있다는 점을 국제적으로 보장해 주는 역할을 하는 것이다. 이미 푸틴 대통령은 김정은 체제 출범 초기에 주변국으로 하여금 북한 지도부 체제를 흔드는 데 나서지 말 것을 강조하는 등 북한 지도부의 안보 불안 인식을 염두에 두고, 협상을 통한 국면 해결 방식을 제시하기도 했다. 푸틴 대통령의 국제적 공언, 북·러, 미·러, 중·러 정상회담에서의 공동선언, 유엔안보리 P5 차원에서의 성명 채택 등 여러 사안을 고려해 볼 수 있다. 한반도 평화체제의 보장자 역할도 포함되어 있으며 역내 군사적 긴장 완화에도 긍정적으로 작용할 것이다.

넷째, 러시아가 관심을 갖고 있는 6자회담의 중요성을 인식한 가운데, 이것의 재개 가능성에도 주목해야 한다. 러시아가 의장국을 맡고 있는 동북아 평화안보메커니즘 실무그룹 활동 재개, '포스트 6자회담'체제 출현 대비, 북한 비핵화를 위한 다자 협의체 구성에의 참여 등이 이에 해당된다. 또한 북 핵·미사일의 부정적 효과를 인식하고 한·러 간 공동으로 대처하는 노력도 중요하다. 이를 테면 북·러 접경지역 환경오염 위험성, WMD 확산 위험성, 핵기술의 테러리스트에의 유출 가능성, 극동·북극·시베리아 지역 개발에 부정적 환경 초래 등에 주목하고 공동 탐사를 추진해 보는 것이다.

다섯째, 미·러가 극동과 유럽지역 간 양국관계 성격을 다르게 구축해 보려는 노력에 관심을 가질 필요가 있다. 미러관계는 미중관계와 더불어 동북아·한반도 질서의 성격을 규정짓는 결정 요인이다. 현재 미·러 간 갈등과 대립 양상은 역내 평화와 안정에 별로 도움을 주지 못하고 있다. 비록 크림반도 병합에 따른 대러 제재가 견지되고 있지만 한반도 비핵화 문제에서만이라도 미·러 간 갈등관계를 넘어서 상호 공조하고 협력하는 노력을 펼치도록 해야 한다. 9/11 테러 당시 글로벌 가치의 추구라는 공통 인식 속에서 미국과 협력을 했듯이, 극동과 한반도 지역에서의 핵확산금지조약(NPT) 체제 붕괴 방지와 대량살상무기(WMD) 확산 방지, 미·러가 포함된 국제경협 사안의 발굴·실천 등에 공조의 노력이 이뤄지도록 하는 것이다.[57]

여섯째, 미·중·러, 한·러·일, 한·러·중 등 소다자 협력망을 다차원적으로 구축해 나가는 것이다. 이는 단·중기적으로 역내 다자안보협력, 다자경제협력체를 위한 기반을 꾸준히 다져나가는 것이기도 하다. 소다자 협력은 양자관계의 한계를 보완하는 3자, 4자, 5자 등 여러 국가들의 참여를 통해 국제협력을 이끌어 내는 성격을 띠고 있다. 군사, 안보적 영역도 포함되지만, 경제, 환경, 문화적 영역이 주를 이룬다. 소다자 협력과 광역두만강개발계획(GTI)이 결합되는 형태로 실행되도록 하는 것도 바람직해 보인다.[58] 연해주 한·러 산업공단과 동북 3성을 연계 개발하는 한·러·중 경제협력, 사할린을 포함한 극동시베리아 개발과 환동해 관광 활성화 등 한·러·일 경제협력 등 환동해권 소다자 협력의 활성화도 포함된다. 지경학적 요소를 살려 나가면서 이제 역내 오랜 기간 펼쳐져 온 지정학적 대립 구도를 극복해 나갈 새로운 접근과 사고가 필요하다.

끝으로 한·러 수교 31년 동안 이룩된 성공사례를 토대로 신북방정책과 신동방정책(동방경제포럼)이 상호 윈-윈(win-win) 하는 형태로 더욱 발전해 나가도록 노력해 나가는 것이다. 이밖에도 △ 4차 산업혁명을 선도하는 첨단기술 부문 협력 강화, △ 단·중기 대러 차세대 인재 육성 및 공공외교 증진, △ 한·러 간 경협·투자·교역량의 획기적 증대 실현, △ 한·러 안보 현안 관련 잠재적 갈등 사안 관리·제어, △

---

57 서동주, 이상준, "푸틴 집권 4기 러시아의 동북아한반도 정책과 한러 외교경협의 과제," 『러시아연구』 28권 2호. (2018), pp.111-140.
58 신범식, 『북·중·러 접경지대와 동북아 소지역협력』 (서울: 이조출판사, 2018).

글로벌, 지역적 수준에서의 한·러 정책 공조 강화 등을 위한 노력도 배가되어야 한다.

지금 세계는 초불확실성 속에 미-중 패권 경쟁이 심화되고 있으며 인도·태평양과 유라시아 전략공간에서 커다란 변화의 움직임을 보이고 있다. 그 어느 때 보다도 미래 국가도약을 위해 국제질서 재편에 조응하면서 명민한 외교 전략을 수립하고 실천해 나가는 것이 중요한 시기이다. 한-러 관계에서 가장 중요한 것은 무엇보다 전략적 소통을 활성화하면서 한·러 '전략적 협력 동반자관계'를 내실화하고 더욱 건실하게 잘 가꾸어 나가는 것이다. 앞으로 한반도 비핵화·평화 프로세스 이행과 관련해 한·러 협력을 통해 러시아가 건설적인 역할을 잘 발현시켜 나가고 역내 평화와 번영에 기여하길 기대해 본다.

유라시아 21

제7장

한·러 경제협력 거버넌스의 현황과 과제

권원순 | 한국외국어대학교

1. 한·러 교역 현황

한국과 러시아의 경제협력은 수교 이후 지난 30여 년 동안 상당히 발전된 모습을 보이고 있지만 초기의 기대에는 못 미치고 있는 것으로 평가되고 있다. 향후 양국 경제협력의 발전을 위해 다양한 측면에서 원인과 대안이 검토되어야 할 것으로 보인다.

이러한 양국 간 경제협력 성과의 상대적 부진은 체제이행 과정에 있었던 러시아의 경제 상황을 비롯하여 산업구조와 가치사슬의 차이에서 발생하는 양국 간 경제협력의 동인 부족, 한국의 선도형 부가가치 생산으로의 전환 및 산업구조의 변화, 글로벌 경제협력 환경의 변화 등등이 그 원인으로 요약될 수 있다.

<표 1> 주요 국가별 수출입 비중 (2020년)   (단위; $1,000, %)

	수출	비중	수입	비중	교역규모	비중
중국	132,565,445	25.87	108,884,645	23.28	241,450,090	24.63
미국	74,115,819	14.46	57,492,178	12.29	131,607,997	13.43
일본	25,097,651	4.90	46,023,036	9.84	71,120,687	7.26

베트남	48,510,572	9.47	20,578,589	4.40	69,089,161	7.05
대만	16,465,446	3.21	17,837,013	3.81	34,302,459	3.50
홍콩	30,653,790	5.98	1,540,394	0.33	32,194,184	3.28
독일	9,576,136	1.87	20,680,918	4.42	30,257,054	3.09
호주	6,188,528	1.21	18,707,121	4.00	24,895,649	2.54
싱가포르	9,828,388	1.92	8,437,992	1.80	18,266,380	1.86
말레이시아	9,078,150	1.77	8,892,564	1.90	17,970,714	1.83
러시아	6,899,968	1.35	10,630,194	2.27	17,530,162	1.79
인도	11,937,316	2.33	4,900,726	1.05	16,838,042	1.72
멕시코	8,241,006	1.61	6,355,879	1.36	14,596,885	1.49
인도네시아	6,312,901	1.23	7,594,696	1.62	13,907,597	1.42
태국	6,852,684	1.34	5,196,533	1.11	12,049,217	1.23
필리핀	7,126,437	1.39	3,085,957	0.66	10,212,394	1.04
총계	512,498,038	100.00	467,632,763	100.00	980,130,801	100.00

자료: 한국무역협회, 무역통계, https://stat.kita.net/main.screen (검색일: 2021.11.02.) 참조 저자작성

　러시아는 2020년 말 현재 <표 1>에서 보는 바와 같이 우리 교역 대상국 중 11번째 국가로 그 비중은 1.79%를 차지하고 있다. 이는 싱가포르(1.86%), 말레이시아(1.83%)와 비슷한 수준이다. 대러시아 수출 비중은 1.35%로 13번째 수출 대상국인 반면 대러시아 수입은 2.27%의 비중을 차지하고 있어 우리나라의 8번째 수입 대상 국가이다. 2020년 말 현재 러시아 주요 수입 품목은 <표 2>에서 보는 바와 같이 원유 가스 등의 광산물과 농림수산물 및 화학공업제품이다.

<표 2> 대러시아 주요 수입 품목　　　　　　　　　　(단위: $1,000)

수입품목	1992	1997	2002	2007	2012	2017	2020
광산물	158	151,480	799,277	3,873,381	8,411,821	9,470,739	8,466,516
농림수산물	16,947	290,572	344,567	613,835	800,650	1,281,868	1,202,192
철강금속제품	50,101	626,968	857,329	1,992,771	1,784,746	999,058	590,644
화학공업제품	5,791	247,794	161,436	195,425	207,534	203,002	236,108
기계류	420	62,717	15,758	77,321	99,505	36,664	92,530
전자전기제품	188	6,751	13,279	28,008	26,834	22,450	25,391
잡제품	311	104,566	7,876	189,422	16,012	16,591	6,817
생활용품	0	212	1,764	2,270	2,546	6,288	5,647

플라스틱고무 및가죽제품	767	780	596	668	1,197	1,182	2,467
섬유류	148	42,942	15,723	4,376	3,474	1,689	1,880
수입총계	74,830	1,534,783	2,217,604	6,977,477	11,354,318	12,039,530	10,630,194

자료: 한국무역협회, 무역통계, https://stat.kita.net/main.screen (검색일: 2021.11.02.) 참조 저자작성

하지만 대러시아 주요 수출 품목은 <표 3>에서 보는 바와 같이 2020년 말 현재 자동차 등의 기계류와 전기전자제품, 화학공업제품, 철강금속제품 등이다.

<표 3> 대러시아 주요 수출 품목 (단위:$1,000)

수출품목	1992	1997	2002	2007	2012	2017	2020
기계류	15,524	333,289	183,177	5,075,015	6,885,769	3,994,923	3,850,521
전자전기제품	49,482	534,228	200,027	1,382,382	1,606,627	749,976	863,253
화학공업제품	5,411	66,114	284,288	771,358	935,771	662,212	839,053
철강금속제품	1,646	34,576	15,904	148,925	402,514	556,695	407,565
플라스틱고무및가죽제품	427	53,259	35,925	166,854	408,856	318,966	293,360
생활용품	2,272	63,607	43,346	68,257	248,086	219,488	187,449
농림수산물	11,824	351,033	136,839	250,046	238,277	165,135	169,690
섬유류	30,385	267,252	150,221	151,612	203,109	136,934	130,543
광산물	1,082	62,478	12,482	66,043	149,017	89,798	112,975
잡제품	32	2,095	3,665	7,254	19,111	12,491	45,557
수출총계	118,084	1,767,932	1,065,875	8,087,746	11,097,138	6,906,618	6,899,968

자료: 한국무역협회, 무역통계, https://stat.kita.net/main.screen (검색일: 2021.11.02.) 참조 저자작성

대러시아 주요 수출 품목은 <그림 1>에서 보는 바와 같이 1990년대말까지 전자전기제품, 기계류, 농림수산물 등이 많은 비중을 차지하고 있었으나, 2000년대 들어 기계류와 화학공업제품, 전자전기제품 등의 순으로 비중이 변화하였다. 특히, 2002년부터 자동차 등

을 포함한 기계류의 수출이 급격히 증가하면서 전자전기제품과 함께 수출에서 대부분을 차지하는 품목으로 자리 잡았다.

<그림 1> 대러시아 주요 수출 품목 변화 추이 (금액 기준)

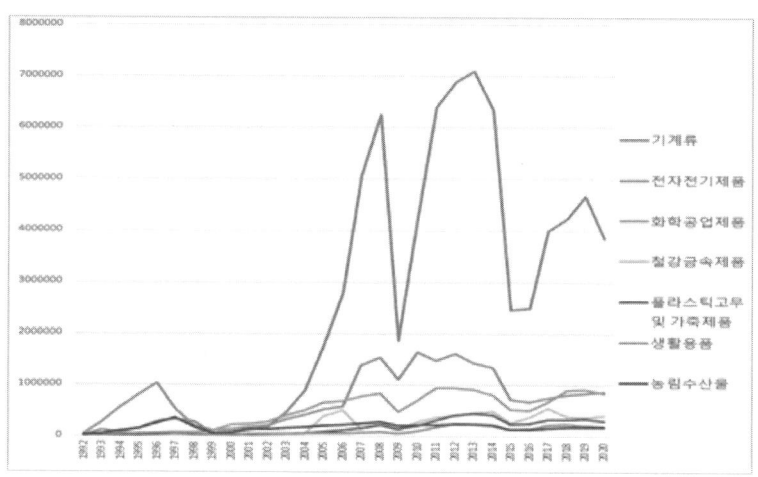

자료: 한국무역협회, 무역통계, https://stat.kita.net/main.screen (검색일: 2021.11.02) 참조 저자작성

대러시아 주요 수입 품목의 경우 초기에는 철강금속제품, 광산물, 농림수산물 등이 대부분의 비중을 차지하고 있었던 반면 2000년대 들어 철강금속제품과 광산물의 비중이 급격히 증가하기 시작하였다. 이는 <그림 3> 와 <그림 4>의 수출입 추이와 수출입 비중과 밀접하게 연관되어 있다.

<그림 2> 대러시아 주요 수입 품목 변화 추이 (금액 기준)

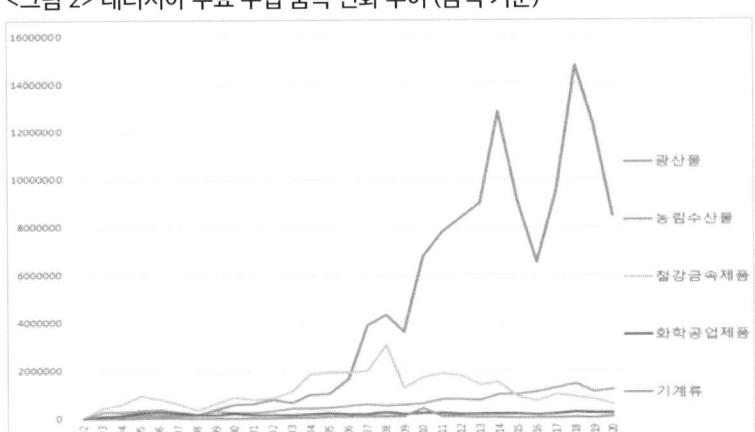

자료: 한국무역협회, 무역통계, https://stat.kita.net/main.screen (검색일: 2021.11.02.) 참조 저자작성

특히, 2006년부터 광산물의 수입이 급증하였는데 이는 대러시아 수입의 대부분을 차지하는 원유·가스 등의 수입이 증가에 기인한다. 또한, 게와 명란을 비롯한 수산물이 두 번째로 많은 비중을 차지하고 있다. 이러한 수출입 품목의 급격한 변화를 반영하여 대러시아 수출입 추이는 <그림 3>에서 보는 바와 같이 2008년 글로벌 금융위기 이후 교역수지는 적자폭이 확대되고 있는 양상이며 2014년부터는 적자폭이 급격히 증가하고 있는 상황이다.

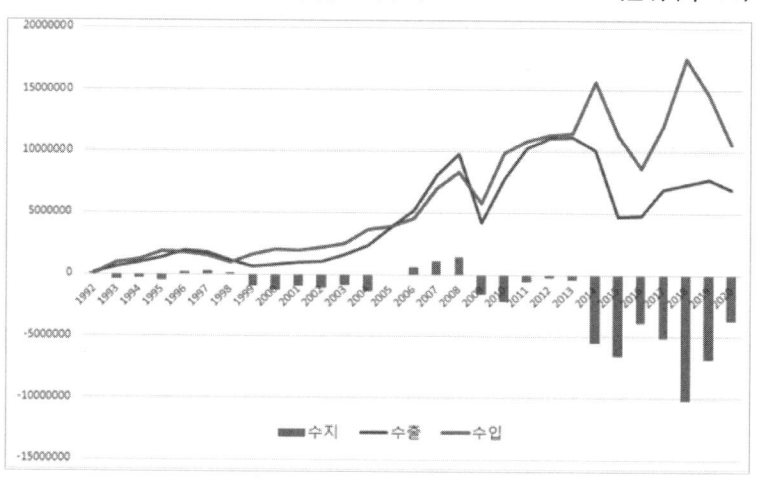

<그림 3> 대러시아 수출입 추이 및 교역수지   (단위:$1,000)

자료: 한국무역협회, 무역통계, https://stat.kita.net/main.screen (검색일: 2021.11.02.) 참조 저자작성

　이는 수교이후 1990년대는 1997년 IMF위기 및 1998년 러시아 디폴트 사태 등의 영향으로 인해 양국 간 교역이 완만한 성장을 하였으나, 2011년에는 양국 간 교역규모가 211억 5,700만 달러 수준으로 확대되었다. 이후 2014년에는 257억 9,848만 달러를 기록하여 양국 간 최고 교역수준을 달성하기도 하였으나, 우크라이나 사태 등으로 인한 대러시아 제재와 2015년 유가 하락[59] 등으로 인해 양국 간 교역은 2020년 말 현재 175억 3,000만 달러 수준에 머무르고 있다. 이는 양국이 글로벌 경제 환경에 영향을 받고 있기 때문이라고 보인다. 특히, 러시아는 체제전환을 완료하고 글로벌 경제에 편입되어 글로벌

---

59 일반적으로 1973~1985년은 고유가 시기, 1986~2001년은 저유가 시기, 2002~2014년은 신고유가 시기로 구분한다.

시장 참여자의 일원으로 자립잡고 있다는 점을 주목할 필요가 있다.

<그림 4> 대 러시아 수출입 비중 변화 추이 (단위: %)

자료: 한국무역협회, 무역통계, https://stat.kita.net/main.screen (검색일: 2021.11.02.) 참조 저자작성

이와 함께 우리나라 교역에서 차지하는 대러시아 수출입 비중의 변화는 <그림 5>에서 보는 바와 같이 원유·가스 등의 에너지자원과 무연탄 및 유연탄 등은 대러시아 수입에 의해 많은 비중을 차지하고 있으나 시기별로 변동성을 보이고 있다.

대러 수입 비중은 2009년부터 크게 증가하기 시작하였는데 이는 <그림 5>에서 보는 바와 같이 원유, 나프타, 유연탄의 수입 증가와 2009년부터 시작된 LNG수입 등에 기인하는 것으로 보인다.

<그림 5> 대 러시아 주요 수입품목 변화 추이   (단위:$1,000)

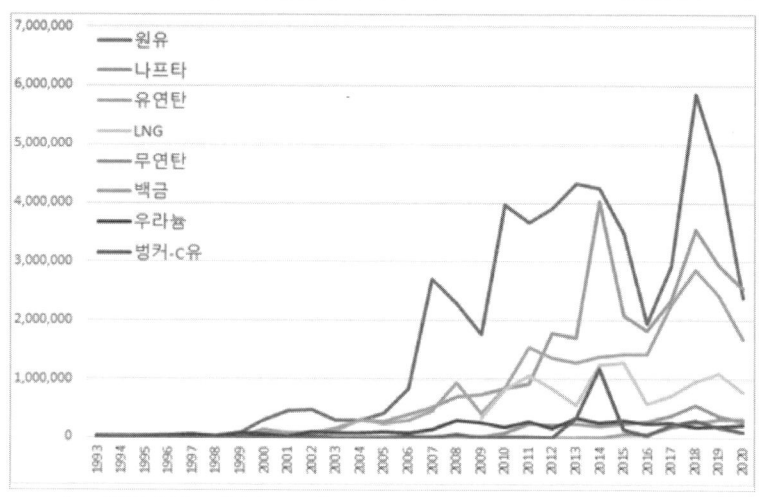

자료: 한국무역협회, 무역통계, https://stat.kita.net/main.screen (검색일: 2021.11.02) 참조 저자작성

　반면에 수출은 1990년대 초반에는 TV 등의 영상기기와 냉장고, 세탁기 등의 가전제품과 자동차, 선박해양구조물 및 부품 등이 주요 수출품이었으나 2000년대 들어 자동차와 자동차 부품이 대러 수출의 많은 비중을 차지하는 품목이었다. 또한 2010년대 들어 자동차와 자동차 부품이 많은 비중을 차지하는 품목이 되었고 건설광산기계와 가전제품, 선박해양구조물 및 부품 등의 비중이 확대되었으나 2020년에는 자동차와 자동차 부품을 제외한 이들 품목의 비중이 감소하는 양상을 보이고 있다.

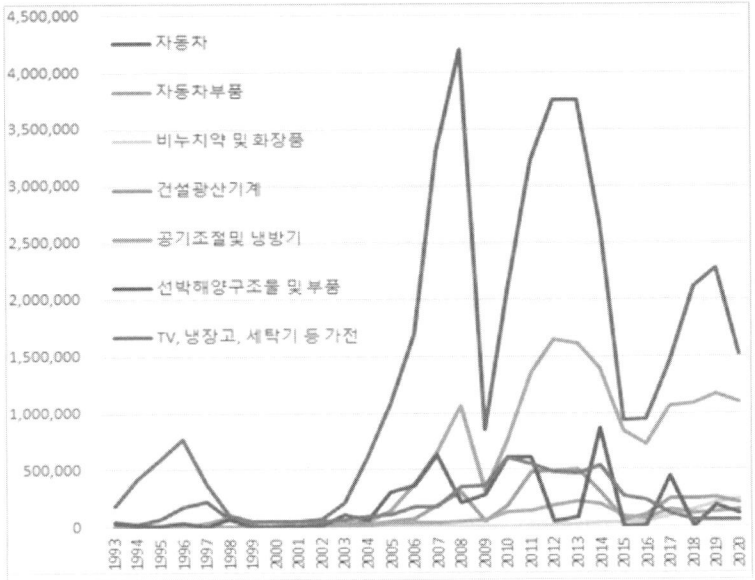

<그림 6> 대 러시아 주요 수출품목 변화 추이   (단위:$1,000)

자료: 한국무역협회, 무역통계, https://stat.kita.net/main.screen (검색일: 2021.11.02.) 참조 저자작성

<그림 5>에서 보는 바와 같이 교역금액이 사상최대를 기록한 2014년은 원유, 나프타, 벙커-C유 등의 수입이 급증하면서 대러 수입이 전체 수입에서 차지하는 비중이 2.98%를 차지하였고 2018년에는 원유, 나프타, 유연탄 등의 수입 증가 등으로 인하여 대러 수입이 전체 수입에서 차지하는 비중이 3.27%까지 증가하였다. 또한 자동차 및 자동차 부품의 수출이 급증하면서 대러수출이 전체 수출에서 차지하는 비중이 2008년 2.31%까지 증가하였으나, 수출비중은 2012년 2.03%를 정점으로 2015년 0.89%를 기록할 정도로 감소하였으나 2016년부터 증가하는 양상이지만 2019년 1.43% 수준으로 증가하여

2020년에는 1.35% 수준에 머물고 있다.

2. 한·러 직접투자 현황

이상에서 살펴본 교역과 함께 경제협력의 주요한 이슈 중 하나인 양국 간 직접투자를 살펴보면 <그림 7>에서 보는 바와 같이 우리의 대러시아 투자는 꾸준히 증가하는 추세를 보이고 있지만 러시아의 직접투자는 미미한 수준에 그치고 있다.

<그림 7> 한·러 양국 간 직접투자 추이 (단위: $1,000)

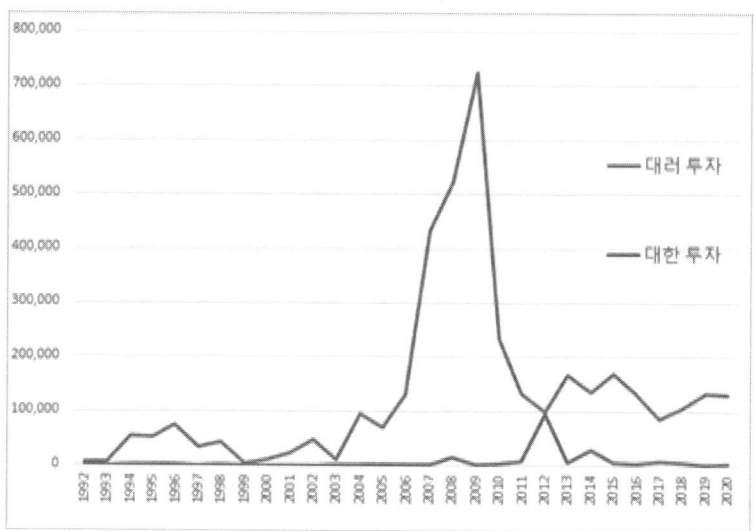

자료: 산업통상자원부, 외국인투자통계, http://www.motie.go.kr/motie/py/sa/investstatse/investstats.jsp과 수출입은행, 해외직접투자통계, https://stats.koreaexim.go.kr/main.do (검색일: 2021.11.02)를 기반으로 저자작성

<표 4>에서 보는바와 같이 우리의 대러 직접투자는 2004년부터 증가하기 시작하여 2006년에 1억 3,270만 달러 수준으로 증가한 후 2009년 7억 2,470만 달러를 기록한 후 감소하여 1억 달러를 상회하는 수준을 유지하고 있다.

<표 4> 한·러 직접투자 (단위: $1,000)

연도	1992	1993	1994	1995	1996	1997
대러 직접투자	7,386	5,550	54,322	52,864	74,814	33,642
대한 직접투자	1,458	903	1,420	952	1,677	603
연도	1998	1999	2000	2001	2002	2003
대러 직접투자	43,020	3,376	11,052	21,529	47,067	11,332
대한 직접투자	1,849	671	700	40	851	1,538
연도	2004	2005	2006	2007	2008	2009
대러 직접투자	95,713	70,801	132,703	433,317	522,012	724,704
대한 직접투자	1,832	2,506	2,314	2,526	16,001	1,503
연도	2010	2011	2012	2013	2014	2015
대러 직접투자	234,224	134,074	99,101	168,749	135,278	169,897
대한 직접투자	5,054	8,764	95,159	7,718	29,309	5,621
연도	2016	2017	2018	2019	2020	2021
대러 직접투자	134,145	85,292	106,742	132,712	131,396	-
대한 직접투자	3,970	7,830	5,537	2,826	4,128	-

자료: 산업통상자원부, 외국인투자통계, http://www.motie.go.kr/motie/py/sa/investstatse/investstats.jsp과 수출입은행, 해외직접투자통계, https://stats.koreaexim.go.kr/main.do (검색일: 2021.11.02)를 기반으로 저자작성

반면 러시아의 대한 직접투자는 2012년 9,515만 달러를 기록하기는 했지만 이후 뚜렷한 증가 없이 미미한 수준에 머물고 있다. 양국의 직접투자는 우리의 대러시아 투자가 러시아의 대한 투자 간의 불균형과 격차가 상당히 크게 나타나고 있는데 이는 양국 간의 산업협력의 격차가 큰 데서 기인하는 것으로 해석된다.

<표 5> 대 러시아 주요 직접투자 (2005년 ~ 2017년)

주요 투자 내용
- 2005. 9월 : 한국 야쿠르트(주) 라면공장 완공(2,000만 달러)
- 2006. 6월 : 오리온(주) 초코파이 공장 완공(2,000만 달러)
- 2006. 9월 : LG전자 모스크바州 공장 완공(1.5억 달러)
- 2007. 9월 : 롯데백화점 모스크바 지점 개소(3억 달러)
- 2008. 9월 : 삼성전자 칼루가州 공장 준공(1.9억 달러)
- 2009.10월 : 현대모비스 물류센터 준공(0.5억 달러)
- 2010. 9월 : 롯데호텔 준공(3억 달러)
- 2010. 9월 : 롯데제과 칼루가州 완공(0.85억 달러)
- 2010. 9월 : 현대자동차 상트페테르부르크 공장 준공(4억 달러, 부품단지 3억 달러)
- 2010.10월 : KT&G 칼루가州 공장 완공(0.7억 달러)
- 2013. 1월 : 현대중공업 연해주 고압차단기 공장 완공(0.5억 달러)
- 2017. 4월 : 롯데호텔 상트페테르부르크 호텔 완공(1억 달러)
- 2017. 5월 : CJ제일제당 러시아 냉동식품업체 라비올리(Ravioli) 인수(2,600백만 달러)

자료: 외교부, 러시아개황, https://www.mofa.go.kr/www/index.do (검색일: 2021.11.02.) 참조 저자작성

    이러한 대러 직접투자 추이의 변화는 <표 5>에서 보는 바와 같이 LG의 2006년 현지 생산 공장의 완공과 2008년의 삼성전자의 러시아 공장 준공, 2010년 현대자동차의 상트페테르부르크 공장 준공 등과 연계되어 있는 것으로 보인다. 또한 이러한 직접투자의 증가는 <그림 3>에서 보는 바와 같이 현지생산과 연계된 교역의 증대를 가져온 것으로 평가된다. 이는 또한 <그림 4>의 대러 수출입 비중에도 상당한 영향을 미친 것으로 보인다. 대러 직접투자의 증가는 현지 생산을 위한 중간재와 원료의 수출을 증가시키는 요인인 반면 한국생산 완제품의 수출은 감소시키는 요인으로 작용하고 있다고 평가된다. 이러한 추세는 <그림 5>와 <그림 6>에서 파악된다. 이러한 추세는 당분간 우리의 대러 수출 품목이 다변화되어 새로운 수출품

목이 등장할 때 까지 지속될 것으로 전망되기도 한다.

하지만 우리의 대러 수입은 원유, 나프타, 유연탄, LNG 등의 수입 추세에 따라 지속적으로 증가할 것으로 전망된다. 이러한 대러 수입 품목의 편중과 함께 우리의 대러 수출도 자동차와 자동차 부품에 편중되어 있는 양국 간 교역이 비대칭적 불균형을 이루고 있는 교역 상품 구조에서 기인하는 것이라고 평가할 수 있다.

3. 한·러 에너지자원 협력

이상에서 살펴본 한-러 양국 간의 교역과 직접투자 등의 경제협력 관계와 함께 가장 주목 받는 협력분야가 에너지자원 분야의 협력이라고 할 수 있다. 한국의 대러시아 에너지 자원 협력은 수교 초기부터 주목받는 분야였다. 에너지자원의 대부분을 수입하는 한국의 입장에서 볼 때 역내에서 에너지자원을 공급받을 수 있다는 점은 과학기술분야의 협력과 함께 한·러 협력의 비중 있는 주제로 간주되어 왔다.

특히, 교토 의정서 체제 이후 Post-2020 新기후체제의 출범이라는 환경으로 촉발된 탄소저감 정책과 탈원전 정책 등의 실현, 온실가스 및 미세먼지 저감을 위한 석탄 발전의 축소 등의 여건이 러시아와의 천연가스 분야에서의 협력의 중요성을 증대시키고 있는 실정이다. 이뿐만 아니라 신재생 에너지 비율의 증가에 따르는 시간적 지연을 보완 및 대체하는 가교에너지자원(bridging resource)인 천연가스 확보를 위한 러시아와의 협력 확대가 중요하다.

이와 함께 주요 석유화학제품의 원료인 나프타 및 원유의 수입대상국인 러시아와의 협력 또한 한·러 경제협력의 중요한 분야이다.

에너지자원 협력은 대상 에너지자원뿐만 아니라 이를 둘러싼 정치·경제·외교 분야의 역량이 총체적으로 발휘되는 분야이다. 특히, 이 분야의 협력 거버넌스가 중요하게 작동하는 분야라고 할 수 있다. 한·러 양국 간의 에너지자원 분야의 협력 거버넌스를 살펴보면 <표 6>에서 보는 바와 같이 양국이 공급국과 수입국의 각기 다른 입장을 견지하고 있음에도 불구하고 거버넌스 정책과 구조가 협력의 기재로 작용하고 있음을 파악해 볼 수 있다.

러시아는 자국의 에너지전략을 통해 아태지역으로의 진출을 구체화하고 지속적인 협력 구도를 구축해 왔다고 평가할 수 있다. 반면 한국은 국가에너지계획에 협력의 내용을 담고 있지만 5차에 걸친 계획에도 불구하고 지속적인 대러시아 협력 실행에 있어 미흡한 면을 보이고 있다.

앞서 살펴본 바와 같이 원유, 나프타, LNG, 유연탄 등을 러시아로부터 수입하는 것 이상의 협력을 발전시키고 있지 못하고 있는 실정이다. 이는 <표 6>에서 보는 바와 같이 양국이 16차에 이르는 한·러 자원협력위원회를 개최하여 왔지만 뚜렷한 성과를 도출하지 못하고 있는 점에서 파악해 볼 수 있다. 하지만 최근 수소분야의 협력은 양국 공동의 이해관계를 반영하고 있어 귀추가 주목되고 있어 좀 더 지켜볼 대목이다.

그럼에도 불구하고 그 중요성과 필요성 등과 협력 전망의 긍정적 요인 등에 비해 아직까지 실질적 협력의 결과를 도출하지 못하고 있는 현실이다.

4. 한-러 경제협력 거버넌스

한·러 경제협력의 거버넌스는 양국 정부 간의 경제·과학기술 공동위원회를 중심으로 산하의 15개를 통하여 이루어지고 있다. 경제·과학기술 공동위원회는 노태우 대통령시절인 1992년 11월 양국 간 설치에 대한 합의로 출발하여 1차 회의를 1994년에 개최하려 하였으나 당시 쇼힌 부총리의 방한 불발로 97년 7월에 제1차경제공동위원회가 개최된 이래 2019년까지 18차에 걸쳐 회의가 개최되어 왔다.

동 위원회는 1992년 합의 후 한·소 어업협정 체결(91년 9월)에 따른 제1차 한·러 어업위원회(92년 1월)를 개최하였고, 한·러 과학 및 기술협력협정(91년 12월)과 1차 회의에 이은 제2차 한·러 과학기술공동위(92년 6월), 제1차 한·러 환경협력 공동위원회(95년 1월), 한·러시아 과학기술공동위원회(97년 5월) 등의 분과별로 개최되었으나 2003년 7월부터 경제, 무역, 과학, 환경 등의 분과별로 개최되어오던 회의를 제5차 경제과학기술공동위원회로 통합하고 산하의 15개 분과위원회 체계로 양국 간에 운영하여 왔다.

<표 6> 한국과 러시아의 에너지 전략비교 및 한·러 에너지자원 협력

한국의 에너지계획	러시아 관련 주요내용	러시아 에너지 전략
제1차 국가에너지기본계획 (1997~2006)	• 천연가스인수 기지 확대 및 가스배관망 확충 • 경제적 도입위한 시베리아지역에서 PNG도입 검토·추진 • 장기적으로 동북아 천연가스파이프라인 건설사업 추진 • 동북아 축과 아시아·태평양 축을 중심으로 지역 특성에 맞는 자원협력 추진 • 동북아에너지 협력체계 구축	
제2차 국가에너지기본계획 (2002~2011)	• PNG에 대한 우선 구매 등 가스도입선 다변화방안 마련으로 공급의 안정성 제고 (동해, 시베리아 등 국내외 가스전 개발 추진) • 동북아 천연가스 배관망 건설구상 등 PNG 도입 추진 (이르쿠츠크 가스전 개발과 연계하여 시베리아, 중국, 한국, 일본을 연결하는 동북아 천연가스 배관망 건설 구상)	러시아 에너지전략 2020 (2003.8.28.)
제1차 국가에너지기본계획 (2008~2030)	• 효율적인 천연가스 산업 경쟁도입 기반조성 및 요금체계의 합리적 개선 • LNG 구매교섭력(bargaining power)을 중심으로 플랜트, LNG추진선, LNG터미널 개발 사업 진출 • 러시아 PNG 도입시 건설에 참여하고 '패키지 딜'을 통해 석유화학, SOC투자 등의 관련 산업에 진출	러시아 에너지전략 2030 (2009.11.13.)
제2차 에너지기본계획 (2014~2035)	• 셰일가스 개발 확대 등에 대응하여 천연가스, LPG 도입선 다원화와 안정적 물량 확보 • 가스전 개발과 도입을 연계(액화플랜트 건설·운영 등) 가격 리스크를 완화, 자주적 개발·공급역량 강화 • 민간 직수입 규제 합리화 • LNG 트레이딩 사업을 위한 제도적 기반 마련	러시아 에너지전략 2030 (2009.11.13.)
제3차 에너지기본계획 (2019~2040)	• 발전용 에너지원으로서 천연가스 역할 확대 • 친환경 수송 연료로서의 활용을 확대 (LNG 벙커링, LNG 화물차, 항만 LNG 야드 트랙터 등) • 한중일 간 LNG 주요수요국 협력체계 구축 (글로벌 LNG 시장의 투명성 유연성 제고) • 장기적으로 동북아 주요국 간 천연가스 파이프라인 연계 검토 (가스 도입방식 다변화)	러시아 에너지전략 2035 (2020.6.9.)

자료: 통상산업부, 제1차 「국가에너지기본계획」(안), (1997.10.07), 산업자원부 「제2차 「국가에너지기본계획」(2002~2011)」 (2002.12.11), 국가에너지위원 회, 제1차 「국가에너지기본계획(2008~2030)」, (2008.08.27). 산업통상자원부, 제2차 「에너지기본계획(2014~2035)」, (2014.01), 산업통상자원부, 제3차 「에너지기본계획(2019~2040)」, (2019.06.04). 및 Правительства РФ, 'Энергетическая стратегия России на п

한·러 협력 관련 주요내용	비고
	제2차 한·러 자원협력위원회 (1997.7) 제3차 한·러 자원협력위원회 (1999.4) 제4차 한·러 자원협력위원회 (2001.4) 제5차 한·러 자원협력위원회 (2002.12)
• 통합가스공급시스템의 동시베리아 확장 및 이를 기반으로 한 지역통합 • 가스를 통한 유럽과 아태지역에서의 러시아의 정치적 이익 제고 • 동시베리아, 극동 및 전략적 생산 우선지역인 야말반도의 대형 가스전 개발 • LNG 시장 진출을 통한 한국, 일본, 인도 등의 아태 국가 시장(전기, 원자력 기술 및 핵연료 등 포함)에서 2020년까지 러시아산 원유 30%, 천연가스 15% 시장 점유	제6차 한·러 자원협력위원회 (2005.12) 제7차 한·러 자원협력위원회 (2006.10) 제8차 한·러 자원협력위원회 (2007.12)
• 에탄, 헬륨의 추출을 목적으로 하는 생산시설 등을 위한 설비의 개발 및 구축 • 연료전지 획득, 수소 및 재생에너지와 미래 에너지(수소에너지, 열핵에너지, 조력에너지 등) 확대 • 액화석유·가스(석유, 콘덴세이트, CNG, LNG)의 증산과 수송용 항구 및 수송 인프라 개발	제10차 한·러 자원협력위원회 (2010.5)
• 동시베리아 및 극동지역의 단일가스공급시스템 구축 프로그램 실현의 일환으로 아태지역 국가, 특히 한국 및 중국으로의 가스파이프라인 시스템의 단계적 조성과 단일가스공급시스템과의 연결과 아태지역시장에 LNG 수출	제14차 한·러 자원협력위원회 (2015.6)
• 사할린-하바롭스크-블라디보스톡 가스파이프라인 및 "시베리아의 힘" 건설완료에 따른 아태지역시장 LNG 수출 • 사할린 섬에 극동LNG 3차 생산라인 건설 • 북극지역 LNG생산확대와 아태지역수송을 위한 북극항로의 쇄빙선 및 항구기반 시설 개발 • 동시베리아 및 극동지역의 통합가스공급시스템 구축 및 LNG운송기반 확충 • 북서부, 볼가, 서부 시베리아, 카스피해, 동시베리아 및 극동에 가스화학 클러스터 개발	제15차 한·러 자원협력위원회 (2018.2) 제16차 한·러 자원협력위원회 (2019.9)

ериод до 2020 года', 28 августа 2003 г. No. 1234-р, Правительства РФ, 'Энергетическая стратегия России на период до 2030 года', 13 ноября 2009 года №1715-р, Правительства РФ, 'Энергетическая стратегия России на период до 2035 года', 9 июня 2020 г. No. 1523-р 참조하여 저자작성

경제·과학기술 공동위원회는 산하에 12개 분과위원회 및 2개 소위원회로 구성되어 있다. 분과위원회와 소위원회는 다음과 같다:

- 과학기술 공동위원회
- 원자력조정위원회
- 극동시베리아분과위원회
- 환경협력 공동위원회
- 산업협력위원회
- 에너지자원협력위원회
- 교통협력위원회 (소위원회: 교통협력위, 철도협력위),
- 어업위원회
- 농업위원회
- 관세청장회의
- 교통장관회의
- 보건의료협력공동작업반
- 북극협의회

경제·과학기술 공동위원회는 초기의 양국 경제협력의제를 다루는 회의에서 정상회담을 계기로 개최되어 정상회담의제를 조율하는 기능을 추가하여 개최되는 추세를 보이고 있다.

이밖에 한·러정책협의회(양국 외교부간 경제, 외교·안보분야 협력 논의), 한·러투자촉진 실무그룹회의(2015년 10월 제14차 경제·과학공동위의 합의로 설치하고 2016년 3월 서울에서 1차 회의 개최), 한·러혁신워킹

그룹회의(2018년 6월 한·러정상회담에서 체결한 혁신플랫폼 구축 MOU에 의해 양국 간 기술협력, 창업·벤처기업지원협력 등의 채널로 2018년 9월 4차 동방경제포럼을 계기로 1차 회의 개최) 등의 협의체가 최근에 새로 구성되었다.

한·러 경제협력의 최상위 거버넌스는 한·러 정상회담이다. 수교 이후 현재까지 한·러 정상회담은 32회 개최되었으며, <표 7>에서 보는 바와 같이 최다로 정상회담이 개최된 시기는 이명박 대통령 시기로 8회 개최되었으며, 그 다음은 노무현 대통령 시기의 6회이다. 하지만 다자간 정상회담 중에 개최된 것을 제외하면 이명박 대통령 시기에 3회, 김대중 대통령, 노무현 대통령 시기에 각각 2회 개최되었다.

5. 한·러 협력 거버넌스의 평가와 과제

한·러 간의 경제협력에 대한 정책 수요에 부응하는 거버넌스 체계가 만족스럽다고 평가하기에는 시기적인 면에서 이른 감이 있지만 실질 성과의 측면에서는 재고해야하는 점이 존재한다. 한·러 간 협력의 성과 특히 경제협력의 성과는 양국의 합의나 의견일치보다는 실질적 성과 도출이 요구되는 분야이다.

특히, 대러시아 거버넌스를 위한 특별기구이라는 측면에서 동북아시대위원회와 북방경제협력위원회 모두 당시의 국정과제 혹은 대외정책의 실행을 위한 기구로 존재한다. 하지만 위원회의 대상 국가와 범위가 상이하고 러시아는 대상 범위와 국가 중 하나의 국가였

<표 7> 한·러 경제협력 및 협력 거버넌스

			대러 수출비중	대러 수입비중	
1990	노태우 대통령 (1988~1993)	고르바초프 대통령 (1986~1991)			
1991					
1992			0.15	0.09	
1993	김영삼 대통령 (1993~1998)	엘친 대통령 (1991~1999)	0.73	1.16	
1994			1.00	1.20	
1995			1.13	1.40	
1996			1.52	1.20	
1997			1.30	1.06	
1998	김대중 대통령 (1998~2003)		0.84	1.07	
1999			0.44	1.33	
2000		푸틴 대통령 (2000~2008)	0.46	1.28	
2001			0.62	1.37	
2002			0.66	1.46	
2003	노무현 대통령 (2003~2008)		0.86	1.41	
2004			0.92	1.64	
2005			1.36	1.51	
2006			1.59	1.48	
2007			2.18	1.96	
2008	이명박 대통령 (2008~2013)	메드베데프 대통령 (2008~2012)	2.31	1.92	
2008				1.92	
2009			1.15	1.79	
2010			1.66	2.33	
2010			1.66	2.33	
2011			1.86	2.07	
2012		푸틴 대통령 (2012~)	2.03	2.19	
2013	박근혜 대통령 (2013~2017)		1.99	2.23	
2014			1.77	2.98	
2015			0.89	2.59	
2016			0.96	2.13	
2017	문재인 대통령 (2017~		1.20	2.52	
2018			1.21	3.27	
2019			1.43	2.89	
2020			1.35	2.27	

자료: 외교부, 러시아개황, https://www.mofa.go.kr/www/index.do 와 한국무역협회, 무역통계, https://stat.kita.net/main.screen (검색일: 2021.11.02.) 참조 저자작성

(비중: %)

한·러 정상회담			대러 거버넌스 전담기구
'90.6	샌프란시스코		
'90.12	모스크바		
'92.11	서울	한·러공동성명	
'94.6	모스크바	한·러공동성명	
'99.5	모스크바	한·러공동성명	
'00.9	UN		
'00.11	APEC		
'01.2	서울	한·러공동성명	
'0110	APEC		
'03.10	APEC		
'04.9	모스크바	한·러공동성명	
'05.5	전승 60주년 행사 (모스크바)		동북아시대 위원회
'05.11	APEC (부산)		
'06.11	APEC		
'07.9	APEC		
'08.7	G8		
'08.9	모스크바	한·러공동성명	
'09.7	G8		
'10.9'	야로슬라블		
'10.11	G8 (서울)	한·러공동성명	
'11.11	모스크바		
'12.3	핵안보정상회의 (서울)		
'12.9	APEC		
'13.9	G20		
'13.11	서울	한·러공동성명	
'15.11	COP 21		
'16.9	동방경제포럼 (블라디보스톡)		
'17.7	G20		
'17.9	동방경제포럼 (블라디보스톡)		
'18.6	모스크바	한·러공동성명	북방경제협력위원회
'18.11	EAS		
'19.9	G20		

다. 위원회라는 조직의 한계와 지속성의 문제가 거버넌스의 문제로 제기될 수 있다.

러시아는 남북러삼각협력과 아시아중시정책(Pivot to Asia)을 지속적으로 추구해 오고 있으며, 러시아는 극동·북극개발부를 신설하여 협력을 추진하고 있어 우리 측에서 경제협력을 전담하는 위원회가 필요가 것도 현실적 필요성이라고 할 수 있다. 한·러 양국의 경제 협력이 러시아가 강조하는 남·북·러와 한·러 양국의 협력이라는 두개의 트랙으로 이루어져야 함에도 편중되는 경향이 존재한고 평가된다.

이 두개의 트랙은 러시아가 가지는 지리적, 지정학적, 지경학적 특성에 기인하는 비대칭성에서 기인하는 것으로 한국과 러시아의 '국가 대 국가'라는 구도와 한국과 러시아 극동이라는 '국가 대 지역' 이라는 구도에서 비롯된다. 또한 동북아 혹은 유라시아, 아시아·태평양이라는 지역 구도 하의 다자관계 등이 기본적 제약구도로 작용하고 있다고 볼 수 있다.

게다가 양국 간 경제협력이 기업과 정부 차원에서 모두 톱다운 방식에 의한 협력 동인이 존재하고 있다고 평가된다. 이러한 요인과 함께 양국 간 경제협력의 거버넌스가 협력의 성과 도출을 위해 중요하게 작용하고 있다고 보인다. 이는 <표 7>에서 보는 바와 같이 양국의 경제협력이 양국 정상의 활발한 교류와 관심에 의해 활성화되거나 전담 기구를 설치하는 등 거버넌스 체계의 강화에 의해 교역과 투자의 성과가 증대되는 양상을 보여주고 있음에서 파악하게 된다.

양국의 경제협력은 수교 이후 상호 보완적 관계(원자재 대 소비재, 원자재 대 가전자동차)를 유지하고 있으나 최근 들어 소부장(소재, 부품, 장비), AI, 우주항공 등의 분야로 확대되는 조짐을 보이고 있다. 이는 향후 가치사슬(value chain)으로 묶이는 생산과 기술 분야의 관계 및 구도 정립이 필요할 것으로 전망된다. 즉, 원자재와 상품의 시장에서의 소비측면에서 양국의 경제협력이 생산과 기술 측면으로 전환될 필요가 있다는 것을 의미한다. 이와 함께 양국 간 경제협력의 주제와 범위, 대상과 아이템이 양국의 글로벌 경제에서 차지하는 비중의 증가에 따라 지속적으로 변모할 것이 예상되기도 한다.

이제까지 대러시아 협력에 있어서의 특수성에 기인하는 거버넌스 체계의 필요성이 요구되어 왔다면 향후 새로운 형태의 거버넌스 체계가 요구될 것으로 전망된다. 이는 K-한류 등의 문화적인 측면과 4차산업혁명의 영향으로 비롯된 새로운 경제협력관계 구축이 예상되기 때문이다. 이러한 새로운 거버넌스 체계의 요구는 소부장, 2차 전지, 수소분야, 우주항공 및 기후 등의 분야에서 협력이 확대·심화될 것으로 전망된다.

<표 8> 동북아시대위원회와 북방경제협력위원회 비교

동북아시대위원회	북방경제협력위원회
• 참여정부의 국정목표 중 하나인 평화와 번영의 동북아시대 구상을 구체화하고 이를 구현하기 위한 장기 비전과 실천 전략을 수립하기 위해 설립한 대통령 자문기구였음. • 동북아 시대 중장기 국가전략을 수립하는 전략기획 사업 추진 • 남북관계 개선, 한반도 평화체제 구축, 주변 4강과의 협력외교 강화, 다자간 안보협력의 활성화를 위한 평화구축 사업 • 에너지·교통 등 인프라 구축, 경제개발 협력, 사회문화 교류 및 협력의 확대를 추진하는 동북아 공동체 협력 사업 등 실행	• 북방경제협력의 전략목표와 비전을 실질적으로 구현할 수 있는 북방경제협력 정책의 기본방향 설정 및 중장기 기본계획 수립 • 북방경제협력정책 추진을 위한 유라시아지역 국가와의 협력관계 조성 • 북방경제협력 추진을 위한 제도적 협력 기반 구축 • 북방경제협력정책에 관한 단계별 추진 사업의 발굴·조정 및 평가 • 북방경제협력정책에 관한 각 부처별 실행계획과 주요사업의 조율 및 추진성과 점검 • 북방경제협력정책에 관한 정부기관·공공기관·민간단체·연구기관 간 협력 및 지원 • 북방경제협력정책 추진에 필요한 재원 조달 및 인력 확보 방안 등을 실행
• 2003년 4월 7일 동북아경제중심추진위원회 규정(대통령령 제17955호)에 의해 출범. • 2003년 4월 29일 동북아경제중심추진위원회 현판식과 함께 제1차 위원회를 개최 • 2004년 2004년 6월 15일 국무회의 의결을 통해 6월 21일 동북아 경제 중심 추진위원회 규정 개정으로 동북아시대위원회로 명칭을 변경하고 체제를 개편 • 2007년 9월 12일까지 33차에 걸쳐 위원회 개최	• 대통령령 제28254호[2017. 8. 25., 제정] 북방경제협력위원회의 설치 및 운영에 관한 규정에 의해 구성 • 유라시아지역 국가와의 교통·물류및 에너지 등 분야에서의 연계성 강화를 통하여 우리 경제의 미래 성장 동력을 창출하고 남·북한 통일의 기반을 구축하기 위한 경제협력에 필요한 주요 정책에 관한 사항을 효율적으로 심의·조정하는 역할

자료: 북방경제협력위원회, http://www.bukbang.go.kr/bukbang (검색일: 2021.11.02.) 참조 저자작성

따라서 양국 간 경제협력 거버넌스 체계의 재정비가 필요한 상황으로 판단된다. 양국 간 15개의 위원회를 재정비함과 동시에 이들 위원회가 양국정상회담의 의제 발굴을 벗어나 양국 간의 의제를 이행하고 실질적 협력 성과를 도출하는 체계로의 전환이 필요한 것으로 보인다.

대러시아 경제협력에 있어서 대통령 자문기구인 동북아시대위원회와 대통령직속위원회인 북방경제협력위원회의 역할과 성과도 평가되어야 할 필요가 있다. 이를 기반으로 향후 동북아시대위원회와 북방경제협력위원회와 같은 기구를 통한 경제협력 거버넌스의 체계와 대외정책의 실행에 있어서 부처의 기본 기능에 부가하는 방식 혹은 다양한 양국 간 위원회를 조화롭게 협업하는 방식을 생각해 볼 수 있다. 무엇보다도 러시아가 전략적동반자 관계의 대상국으로 우리의 대외정책의 변화에 따라 그 비중과 중요성이 유지되도록 거버넌스 체계를 구축할 필요가 있다.

유라시아 21

제8장

한-러 간 전략적 소통의 확대를 위한 과제: 한-러 관계 심화 발전을 위한 본질적 문제를 중심으로

이 태 림 | 국립외교원

1. 머리말

지난 3월 말 세르게이 라브로프(Sergei Lavrov) 러시아 외무부 장관과 알렉산드르 포민(Alexander Fomin) 국방부 차관이 나흘 간격으로 방한하여, 각각 정의용 외교부 장관 및 박재민 국방부 차관과 고위급 회담을 개최한 바 있다. 바이든 행정부 출범 이후 한반도의 평화와 안보에 영향을 미칠 수 있는 미중관계와 미러관계가 다양한 도전에 직면하고 있는 시점에, 한-러 간 외교와 국방 분야 고위급 회담을 개최한 것은 여러모로 의미 있었다. 수교 30주년을 맞는 양국 관계의 현안들을 점검하고 한반도 정세에 대한 인식도 교환하며 오랫동안 중단되었던 고위급 대면외교가 재개되었다.

방한한 라브로프 장관도 방한 목적과 관련하여 '한러상호 교류의 해' 개막식에 참석하고, 코로나 사태의 영향으로 잠시 중단된 양국 고위급 접촉을 재개했다는 측면을 강조했다.

그러나 당시 우리 일부 언론에서는 러시아 외무장관과 국방부 차관의 방한 시점이 당시 한미 2+2 외교국방 회담 직후이고, 라브로프 장관의 한국 방문 직전 일정이 중국 왕이 외무부 장관과의 회담이었다는 점을 지적하며 우려의 목소리가 나왔다. 바이든 정부 출범 이후 미중 경쟁구도가 한층 본격화 되고 민주주의 진영과 권위주의 진영으로 갈리고 있는 시점에 중국을 거쳐 방한하는 러시아 외무장관과의 고위급 회담을 개최하는 것은 잘못된 신호를 줄 수 있다는 것이다. 이는 한러관계에 대한 한국 내 인식의 현주소를 보여준 사례로 '전략적 동반자 관계'라고 상호 규정하고 있는 한러관계의 환경을 돌아보게 했다.

또한 3월 라브로프 장관의 방한이 2013년 11월 푸틴(Vladimir Putin) 대통령의 방한 수행 후 8년 만이며 장관의 단독 방한으로는 2009년 4월 남북한 동시 방문 뒤 12년 만인 것으로 알려지면서 한러 외교 수장 간 상대국 방문이 매우 드물게 이뤄지고 있다는 점이 확인되기도 했다.

한러관계는 2008년 이명박 정부 시절 '전략적 동반자 관계'로 격상되었으나, 그동안 양국관계가 그 명칭에 미치지 못한다는 평가와 함께 내실화 문제가 지적되어왔다.

한·러 관계가 많은 부분 미·러 관계 및 북·미 관계 등에 동조화되어 있어 양자 간의 정무적 관계 발전이 연속성을 가지기 어려운 구조적 문제가 있는 것이 현실이다. 그러나 다수의 전문가들은 미·러 관계의 악화와 북·중·러 구도의 강화가 우려될수록 한국에 우호적인 러시아와의 정무적 대화 채널의 강화가 역설적이게도 중요해 지고 있다고 지적한다.

또한 원활한 양국 간 소통과 지속적 관계 발전을 위해서는 정부 간에 이루어지는 공식 채널 이외에도 유효한 소통 채널이 다수 확보되어야 하는 것은 주지의 사실이다. 이러한 측면에서 독일의 대러 관계망 인프라는 우리에게 유의미한 시사점을 준다고 사료 된다.

최근 바이든 정부는 그동안 공식적으로 반대해온 독일과 러시아 간의 직통 가스관 사업인 노르트 스트림 2를 사실상 허용했다. 우크라이나 위기를 두고 미국이 다시 제재카드를 꺼내들고 있으나, 위기 수습 후에도 미국이 동맹 독일의 중요한 이익을 훼손하는 악수는 두지 않을 것으로 판단된다.

이에 미국의 주요 동맹국이면서도 자국의 전략적 자율성을 확보해 온 독일의 실용 외교가 다시금 주목받고 있다. 그런데 독일의 노르트 스트림 2 추진 이면을 들여다보면 동 사업이 독일 정부의 정책적 의지만으로 추진된 것이 아니라는 것을 확인하게 된다. 즉 동 사업에 이해관계를 가진 다양한 사회 구성원들의 요구가 기본 동력이 되었으며, 정부는 이러한 사회 구성원들의 요구 또는 제안을 정책적 판단 하에 선택하고 지원한 측면이 강하다는 것이다.

독·러관계의 역사와 특수성을 감안할 때 우리와 단순 비교하는 것은 무리한 측면이 있다. 그러나 독일이 보여주는 미국과의 동맹 하에서도 외교전략의 자율성 확보를 위한 치열함, 독일의 다층적이고 실질적인 대러 관계망, 또한 이를 더욱 심화시키기 위한 독일 정부의 지속적이고 의식적인 노력은 분명 우리가 깊이 연구하고 참고할 부분들이라 사료된다.

이에 본고에서는 현 한-러 간 양자 차원의 소통 채널들을 점검하면서 일부 독일의 사례를 비교하고, 한-러 간 소통 채널의 활성화를 위한 몇 가지 제언을 하고자 한다. 아울러 다양한 요소들에 의해 제약받고 있는 현재의 한러관계가 지속적으로 발전하기 위해 우리가 본질적으로 해결해야 하는 대내외적인 과제들에 대한 문제제기도 해 보고자 한다.

2. 정부 간 소통 채널

현재 한-러 정부 간 소통 채널로는 정상회담, 국가안보실간 협의, 제1 외교차관급 전략대화, 정책기획국장 협의, 정부간 경제과학기술 공동위 등이 있다. 이와 같이 양국 간 다양한 대화의 틀은 갖추어져 있으나 내실화 문제가 지적되어 온바, 기존 대화 채널의 활성화 방안에 대한 고민이 필요한 시점이라 사료된다.

가. 정상회담 정례화

정부 간 고위급 대화 채널 중 정상회담이 가장 중요하다는 것은 주지의 사실이다.

양 정상이 자주 만나 공동의 현안 및 국제 정세에 대한 인식을 교환하는 것 자체로도 복잡한 국제 정세 속에서 상호 의도치 않은 갈등을 예방할 수 있다는 점은 양국 관계 안정에 기초를 제공한다. 또한 한 번의 정상회담을 위해 정부의 각 부처가 양국의 현안들을 대대적으로 점검하는 계기가 된다는 점에서 정상회담의 빈도는 양국

관계의 밀도를 보여주는 척도라고도 평가된다.

문재인 정부에서 대러 정상외교는 비교적 활발히 추진되었다고 평가할 수 있다.

그러나 한-러 간 정상회담이 정례화가 되지 못하고 있다는 점은 여전히 아쉬운 부분으로 지적되고 있다.

2013년 서울 정상회담 공동성명을 통해 정상회담의 정례화 의지를 표명했고 2018년 모스크바 정상회담 공동성명에서도 '한·러 간 정상급 정례 접촉 활성화'를 언급한 부분은 정상회담의 정례화가 여전히 한-러 관계의 숙제임을 보여준다.

한편 정상회담의 빈도만큼이나 중요한 것은 논의의 내용과 밀도일 것이다.

양국 관계에 큰 성과도 큰 문제도 없어 의제의 수준이 낮을 시, 양국 정상이 회담을 추진할 동력 역시 떨어진다.

메르켈 독일 총리와 푸틴 대통령은 잦은 실무 회담 및 전화 통화를 가진다. 크림반도 사태를 비롯해 독일 내에서 발생한 전 체첸 장군의 암살사건 및 독일 의회 해킹 사건 등의 악재를 거치며 악화일로를 걸어온 온 양국 관계는 지난 해 나발니 독살 시도 사건을 계기로 최저점에 이르렀다고 평가된다. 그러나 이러한 정치 외교적 갈등이 고조된 상태에서도 노르트 스트림 2에 대한 양국 협력은 지속되고 있으며 정상 간 대화는 양국 및 국제 현안을 두고 밀도 있게 진행되고 있다.

2021년 8월 20일에도 퇴임을 앞둔 메르켈 총리는 모스크바를 방문해 푸틴 대통령과 회담했다. 메르켈은 평소 푸틴과의 정상회담에서 실무적인 태도로 러시아 측에 불편한 문제도 직접적으로 제기해 왔으나, 동 모스크바 방문이 메르켈과 푸틴 간 마지막 회담인 만큼 덕담을 주고받고 그간의 공로를 치하할 것이라고 예상되었다. 그러나 예상을 깨고 메르켈은 푸틴과의 공동기자회견에서 양국 간의 경제협력 및 교류의 성과를 언급한 직후, 자신이 푸틴에게 '나발니의 석방을 요구했다'는 사실을 언급하며 나발니 구속의 불법성을 강조했다.

노르트 스트림 2에 대해서도 공사 완료가 임박한 것에 대한 자축보다는 동 사업에 유럽의 여러 기업들이 참여하고 있다는 점에서, 이는 러·독 양자 간의 사업이 아니라며 노르트 스트림2를 양국 협력의 성과로 치하하려는 러시아 측의 의도에도 선을 그었다. 물론 이는 미국과 동 사업에 반대하는 일부 유럽국가들에 대한 메시지로 읽히는 부분이기도 하다.

또한 메르켈은 노르트 스트림 2 개통 이후에도, 또 현 러시아와 우크라이나 간의 가스통과협정이 만료된 이후에도, (러시아 가스의 유럽 수출 시) 러시아가 우크라이나 가스 통과노선을 이용해야 한다는 독일 측의 요구를 재차 강조했다. 이에 대해 푸틴은 러시아는 2024년 이후에도 해당 협정을 연장할 준비가 돼 있지만, 이를 위해서는 유럽의 가스 수요가 보장되어야 한다고 응수하는 장면이 공동기자회견장에서 연출되었다. 이외에도 양 정상은 아프가니스탄을 비롯한 중동 정세에 대해 협의한 내용을 밝혔다.

이와 같이 양국 간에 서로를 압박하고, 치열하게 다툴 의제와 협력할 의제가 풍성해야 정상회담도 자주 열릴 수 있는 것이다. 그러나 한-러 간에는 아직 협력 내용과 그 하부의 자생적 동력이 부족한바, 당분간은 정상회담의 정례화를 통해 양국관계를 견인해 가는 것이 필요하다고 하겠다. 한편 일부 전문가들이 지적하는 바와 같이 '빈곤한 의제 속의 정상회담 정례화'라는 비현실적 목표보다는 총리회담을 정례화하고 이를 한-러 정부간 경제과학기술공동위와 연계시키는 방안도 적극 고려해 볼 필요가 있다.

나. 고위급 외교 대화 채널 활성화

고위급 외교 채널의 경우도 마찬가지이다. 앞서 언급한 안보실 간 회담, 차관급 정책협의회, 차관급 전략대화 모두 정기적으로 개최되고 있지 못한 배경에는 의제 빈곤이라는 현실이 작용한다고 보인다.

여기에는 우리의 안보 및 국제 문제에서 러시아의 역할이 크지 않다는 인식에서 비롯된 측면과 양국관계의 기초가 되어야 할 민간 네트워크 및 실질 협력이 빈약한 현실에서 비롯된 측면이 복합적으로 작용하고 있는바, 당분간은 고위급 소통 채널을 강화하는 인위적 노력을 경주할 필요가 있다.

한-러 간 고위급 소통 강화를 위한 우선적 과제로는 현재의 차관급 전략대화의 장관급 승격과 양국 안보실 간 회의 정례화가 꼽히고 있다. 이 부분에 있어서는 한국 측이 좀 더 주도적인 역할을 할 수밖에 없다.

2021년 8월 23일에는 러시아 마르굴로프 외무 차관이 참석하는 제19차 한-러 정책협의회가, 24일에는 마르굴로프 차관과 한반도평화교섭본부장 간의 한-러 북핵수석대표 회의가 개최되었다. 러시아

차관은 같은 기간 방한 중인 성 김 대표와 회동하고 미·러 간에 북핵 문제 협의도 진행했다. 한·미·러 3자 간 북핵 협의가 계획되지 않은 것은 아쉬운 부분이나, 오랜만에 러시아와의 전략대화가 활발해 지는 것은 고무적이라 할 수 있다.

특히 2021년 5월 아이슬란드에서 진행된 미·러 외교 수장 간의 회담에서 양 측 장관 모두 북핵문제를 미·러 양국의 협력 의제로 언급한 이후, 미·러가 북핵문제에 보다 공조하고 북핵문제가 미국과 러시아 간 우선적 협력 의제가 되도록 우리가 독려하고 지원해야 한다는 주장이 제기된 바 있다. 금번 우리 외교부가 미·러 간의 북핵 관련 논의를 서울에서 진행하도록 장을 마련한 것은 긍정적으로 평가할 부분이라 할 수 있다.

다. 고위급 국방 대화 채널 강화

전술한 바와 같이 라브로프 장관의 귀국 후 나흘 후인 3월 29일 양국 국방차관 간 제4차 한·러 국방전략대화가 개최되었다.

한·러 국방전략대화는 양국의 국방 교류협력을 포함해, 국방 현안을 논의하는 국방 당국 간 고위급 회의체이다. 한·러 양국은 2012년부터 한·러 국방 전략대화를 시작했으나, 금번 회차가 4회차라는 것에서 알 수 있듯이 회의가 정례적으로 개최되지 못했으며, 2018년도 문재인 대통령의 러시아 국빈 방문 이후에야 차관급 회의로 격상되었다.

3월 회담에서 양측은 국방협력협정을 체결하여 양국 간 국방 교류 협력의 제도적 기반을 마련하고, 국방 당국 간 전략적 소통을 위한 협의체 정례화 및 고위급 인사 교류 활성화 등 실질 협력을 강화해 나가기로 했다.

방한한 포민 차관은 러시아도 우리 정부의 한반도 평화프로세스를 지지하며, 러시아 측도 한반도 평화 정착을 위한 외교적 노력을 지속해 나갈 것이라는 기존의 대 한반도 입장을 재확인하기도 했다.

이번에 체결된 국방 협력 협정은 1996년 체결된 군사협력 양해각서를 발전시킨 협정이다. 군 교육 교류, 해양 수색 및 구조 활동, 군함·군용기 상호 방문 등 양국 간 국방 협력의 일반 원칙을 규정하는 포괄적 성격의 협정이다. 2013년 문안 협의를 마무리하고도 2014년 러시아의 크림반도 합병 사태가 발생함으로 인해 체결이 미루어지다 7년 만인 올해 완료되었다.

11월에는 양국 해·공군 간 적통망(핫라인) 설치에 합의하는 성과도 있었다. 동 직통망 운영이 양국 간의 우발적 충돌을 예방하는 데 기여할 것으로 기대된다.

최근 한-러 국방 대화 채널 강화 차원에서 이와 같은 일련의 성과가 있었으나, 여전히 양국 국방부 간에는 대화 및 접촉의 경험이 부족하다는 점이 지적되고 있다.

이에 외무부와 국방부가 공동으로 상대국과 전략대화를 진행하는 포맷인 2+2 외교안보대화틀을 러시아와 구축하는 방안도 검토해야 된다고 판단된다.

일각에서는 한-러 간의 전략적 의제 수준이 낮은데 실효성이 있겠냐는 회의적 시각도 있다. 그러나 2+2 회담은 동맹국 간에만 하는 것은 아니다. 한·중 간에도 2+2를 복원하기로 합의했고 일본과 러시아

간에도 2+2 회담을 장관급으로 개최하고 있다. 러·일 2+2에서는 북핵문제도 주요 의제 가운데 하나이다.

한·러 간의 우호적인 관계에도 불구하고, 동북아 역내에는 북핵문제 외에도 주변국들 간의 영토분쟁, 사드문제, 미국의 중거리미사일 배치 계획, 중·러 합동군사 훈련 중 발생하는 러시아 군용기의 한국 영공 및 방공식별구역(KADIZ: Korea Air Defense Identification) 무단 침범 문제 등 양국 간의 외교·안보 관계를 긴장시킬 수 있는 요인들이 상존해 있으며 그 긴장도가 높아지고 있다.

복잡한 국제 정세 속에 한-러 간에 발생할 수 있는 의도치 않은 갈등 상황 예방을 위해서라도, 외교·국방문제를 함께 논의하는 2+2와 같은 대화 채널이 확보되고 정례화되어야 한다고 사료된다. 협의체의 급은 꼭 장·차관급일 필요는 없으며 국장급으로 시작할 수도 있을 것이다.

라. 한-러 경제과학기술공동위와 북방경제협력위원회의 역할 제고

한-러 양국 간에는 부총리급 정부 간 협의 채널인 경제과학기술공동위가 외교 안보 의제를 제외한 한-러 협력 의제를 포괄적으로 조율해 왔다. 동 채널이 수행한 다수의 긍정적 역할에도 불구하고 양국의 현안을 종합 점검하는 역할 이상을 하지 못한다는 점이 지적되어 왔다.

독일의 경우, 독일 정부는 러시아가 자국의 경제 현대화 과정에서 겪고 있는 구조적 난제에 대한 지원책과 같은 구체적 프로그램을 통해 대러 경협의 질적 심화를 꾸준히 진행시켜 왔다.

예컨대, 2019년 6월 상트페테르부르크 경제포럼 중 서명된 양국 경제부 간 '(산업)효율화를 위한 파트너십'에 관한 MOU는 독일 기술을 활용해 러시아의 경제 효율성을 향상시키기 위한 협력 프로그램을 담고 있다. 이는 에너지 효율화, 친환경 에너지원 개발, 디지털 기술 및 관련 법제적 경험 공유에 대한 협력 등에 관한 것으로, 특히 러시아의 노동생산성 향상을 위해 양국의 산업 인력 간 교류를 활성화하고 러시아 기술자들의 독일 연수 지원과 같은 구체적인 방안들을 제시하고 있다.

앞서 언급한 8월 20일 메르켈과 푸틴의 공동기자회견에서 메르켈은 러시아 청년 1천 명이 독일 기업에서 연수하는 협력 사업을 의미 있게 평가했다. 현재 독·러 간 소통 채널이 다층적인 배경에는 양국 간의 오랜 역사적 특수성 이외에도 경제계와 산업계의 인적교류를 제도적으로 지원하는 독일 정부의 세밀하고도 장기적인 정책적 노력이 있었음을 엿볼 수 있는 대목이다.

2017년 9월 문재인 대통령이 동방경제포럼 기조연설을 통해 신북방정책을 선언하면서 북방경제협력위원회(이하 북방위)가 설치되었다. 동 기구 역시 현재 대표적인 대러 소통창구이다.

북방위의 실효적 역할에 대해 전문가들 사이에서 회의적인 시각이 있는 것도 사실이다. 그러나 러시아 측은 자신들과의 협력을 체계적으로 추진하기 위해 대통령 직속으로 위원회를 설치한 것 자체를 긍정적으로 평가했다.

현 정부의 '9개 다리' 협력 제안도 과거의 단발적인 사업 제안 방식이 아닌, 양국 간의 종합적인 협력 비전을 제시했다는 점에서 러시아 측은 이를 고무적으로 받아들이고 있다. 나아가 2019년 10월 양국은 9개 다리 협력 체계를 확대·개편하는 '9개 다리 행동계획 2.0'에 서명하고, 기존의 가스, 전력, 철도, 산업단지, 조선, 항만, 북극항로, 농업, 수산, 보건의료, 교육, 환경 분야로 구성된 협력 체계를 에너지, 철도인프라, 조선, 항만·항해, 농림·수산, 보건, 투자, 혁신 플랫폼, 문화·관광 분야로 개편했다.

북방위 출범 이후 양국 정부가 상당한 시간을 투자하여 협력 프로그램을 합의하고, 부처 간 카운터파트를 확정하며 파트너십을 구축했다. 동 기구가 대통령령으로 설치되었다는 점에서 2022년 대선 이후 폐지될 것이라는 전망도 있다.

그러나 양국 정부가 어렵게 만든 협력 채널을 정권 교체기마다 없애고, 의제 역시 매번 전 정부와 차별적인 것만 추구한다면 대한민국이 유라시아 대륙과 연결된다는 비전은 영원히 실현 불가능하다.

서독은 1969년 동방정책을 선언하고 추진했는데, 정권 교체기에도 소련과의 실질 협력 사업을 포함해 동 정책을 일관되게 유지, 발전시켰다. 20년 후 독일이 통일 전야를 맞이했을 때 서독과 소련은 가스관 사업을 대표로 한 다양한 실질적 협력을 통해 상호 간 상당한 신뢰를 구축해냈던 바, 양국은 독일 통일 문제를 '신뢰 하에' 협상할 수 있는 상대가 되어 있었다.

큰 구조적 변화는 단기간에 만들어지지 않는다. 북방위 체제 하에서 많은 에너지를 투입하여 구축한 양국 실무 부처 간 소통 채널을 유지하고, 시대의 요구에 맞게 수정·보완하여 발전시켜가는 것이 합리적이라고 사료된다.

특히 남북러 삼각협력 사업을 추진해온 러시아 측 채널을 북방위가 보다 체계적으로 관리할 것을 주문하고 싶다.

최근 북한의 중국 경도 경향이 두드러진 가운데서도 북·러 간의 우호적 관계를 유지하고자 하는 분위기는 여전히 감지되고 있다.

현재 모든 남북러 사업이 중단된 상태이나 러시아가 가스관, 철도 연결, 나진·하산 사업 추진을 비롯해, 러시아에서 열리는 국제 행사에서 남북 인사들의 만남을 주선하는 등 남북 간 경협과 접촉의 계기를 제공하고자 꾸준히 시도하고 있는 이웃국가라는 사실이 간과되어서는 안 될 것이다. 동시에 관련 대러 채널이 유실되지 않도록 각별한 주의를 기울여야 한다.

특히 러시아 측은 남북러 간의 철도화물 수송 시범 사업 시행에 대해 최근까지 추진 의지를 적극적으로 피력해 왔다. 현재 코로나 사태로 인해 추진이 어려운 상황이지만 화상 실무회의를 통해서라도 소통 채널이 유지될 수 있도록 우리 고위급에서 관심을 기울여야 한다.

3. 의회 및 민간 소통 채널 강화

정부 교체기마다 정책변화의 파고가 큰 한국의 특성상, 대러 관계를 장기적으로 유지 발전시켜 갈 수 있는 한-러 간 다양한 네트워크의 역할이 중요하다. 이러한 차원에서 의회 및 민간 차원의 네트워크를 보다 전략적으로 구축할 필요가 있다.

가. 의회 간 교류 강화

한-러 의회 간 교류는 양국 고위급 간의 소통채널을 다각화 하고 수명이 짧은 한국 행정부의 한계를 보완하는 차원에서 전문가들 사이에서 그 중요성이 지속적으로 강조되어 왔다.

이에 한국과 러시아가 공동의장을 맡는 '유라시아 의장회의'와 같은 좋은 시도도 있었고, 우리 국회 내에는 한러의원협의회와 같이 러시아와의 교류를 위한 의원 모임이 공식적으로 구성되어 있다.

이외에도 러시아와의 교류 모임이 국회 내에 자발적으로 생겨나기도 했으나 여전히 활성화되지 못하거나 기존 활동은 계승되고 있지 못한바, 의회 교류는 보다 체계화되고 활성화 되어야 할 과제로 남아 있다.

2019년 한-러 의회간 고위급 협력위원회가 구성된 것 역시 평가할 만하다. 2019년 5월 28일 모스크바에서 한국 국회의원과 러시아 하원(국가두마) 의원으로 구성된 한-러 의회 간 고위급 협력위원회가 첫 회의를 열고 남북러 3각 협력 사업을 비롯하여 한반도 문제, 다자협력, 경제협력, 입법 지원, 문화·교육·인적교류, 한-러 수교 30주년 기념행사 등을 폭넓게 논의했다. 2차 회의를 서울에서 개최하기로 했으나 코로나 19 사태 장기화로 진행하지 못하고 있다.

이와 같은 대화 채널 역시 잘 지속되어야 한국과의 관계 발전에 관심을 갖는 친한적 정치인들이 확보될 수 있다는 점을 인식하고 한번 형성된 채널이 관리 부족으로 유실되지 않도록 각별한 관심을 기울여야 할 것이다.

일부 러시아 의회 인사들은 러시아 엘리트 내부의 의사결정 구조에서 이너서클로서 일정한 대외정책의 지분을 가지고 있다. 또한 북러 의회 간 교류를 통해 일정한 대북 채널 역할도 수행하고 있다. 이러한 중요한 외교 자원을 제대로 활용하기 위해 대러 관계 발전에 관심이 있는 정치인들과 학계와의 체계적인 협력틀을 구축할 필요가 있다.

나. 민간 채널 역할 확대

1990년 수교 이후 1세대 한-러 경협 사업들은 나름 성공적이라고 평가할 수 있다. 다수의 전문가들은 이제 한러관계가 북한 문제로 치환되지 않도록 양국 간의 실질 협력 사업에 집중해야 한다는데 동의한다. 그러나 양국의 차세대 실질협력 방향을 논하는 데 있어 1세대 때보다 양국 경협에 참여하는 기업 행위자(player)의 수가 적다는 사실은 우려되는 점이다. 독러관계에서 보듯이 해당 국가와의 협력에 대한 이해당사자들 많아야 그것이 정치·외교적 교착 상태에도 양국관계를 밀고 가는 힘이 되기 때문이다.

노르트 스트림 2 사업의 경우도 독일 정부의 에너지 정책 또는 대러 전략 차원만으로 추진된 사업이 아니다. 그 뒤에는 에너지 회사, 장비 업체와 같이 유럽 내 대러협력에 관한 다수의 이해관계자들이 있다.

이 가운데서도 독일 내 대러 경협의 이해당사자로서 이익집단화된 민간단체들의 역할이 두드러졌다.

독-러 상공회의소(The German-Russian Chamber of Commerce)는 800여 독일 기업들을 회원사로 두고 있다. 자국 정부에 사업 로비를 하고 대러 제재 해제를 건의하는 것뿐만 아니라, 미국 정관계를 상대로 노르트 스트림 2 관련 제재 해제를 위한 로비에 직접 나서기도 한다. 또한 러시아와 관련된 외교적 사안에 대해 단체의 입장을 적극적으로 피력하고 여론조성 활동을 하는 등 매우 주도적인 역할을 하고 있다.

독일 동부 비즈니스 협의회(German Eastern Business Association)는 6개 산업별 단체들의 연합체 성격으로 설립된 단체로 러시아를 비롯하여, 동·남부유럽, 중앙아시아 등과의 비즈니스 확대를 위해 독일 기업들과 해당 지역 국가들 간의 가교 역할을 자임하고 있다. 동 단체는 유럽 내 러시아에 대한 적대 정책에 대해 비판 여론을 형성하고 "대러제재는 러시아를 중국으로 밀어 넣는 결과를 초래할 것인바, 유럽 안보에도 현명한 정책이 아니다"와 같은 메시지를 내기도 한다.

즉, 동 단체들이 대외적으로는 민간 외교관이자 자국 정부에 대해서는 로비창구로서 러·독 관계를 견인해 가는 실질적인 역할을 해내고 있다.

우리의 경우, 이와 같이 실질적 역할을 할 수 있는 한-러 민간단체가 현 환경에서는 가까운 시일 내에 자생적으로 생겨나기 어려운 상황이다. 이를 감안하여 정부는 대러협력을 추동해 갈 민간단체들을 전략적으로 키우고 역할을 주는 방안에 대해 고민할 필요가 있다.

독러 정부 간 경협 의제를 정하고 추진하는 협의체로서 2000년에 시작되어 양국의 경제부 주도하에 관련 담당 부처들이 참여하는 '독-러 간 경제 및 재정 분야의 협력을 위한 전략 워킹그룹'이 있다. 동 협의 채널은 ▲구체적 경협 현안을 논하고 ▲장애 요인에 대한 해결책을 모색하고 ▲신규 사업을 공동 발굴하는 대화 틀인데, 독일 측에서는 독-러 상공회의소와 독일 동부 비즈니스 협의회가 의제를 제안하는 역할을 한다는 점은 시사하는 바가 크다.

4. 맺음말

글을 마무리하며 한-러 간 전략적 소통채널 강화를 모색함에 있어 전술한 양자 차원의 소통 채널 강화 방안 이외에 다음의 세 가지 측면을 덧붙이고자 한다.

첫째, 한-러가 같이 참여하는 다자 협의 채널과 1.5 트랙 확대를 보다 폭넓게 모색해야 한다.

현재 한-러 양국은 아세안지역안보포럼(ARF), APEC, G20, 6자회담과 같은 다자 채널을 통해서도 만나고 소통한다. 여기에 더하여 중국과 러시아가 주도하고 유라시아 내 중요한 다자 협의체로 부상하고 있는 상하이협력기구에 옵저버 참여 문제를 고려할 필요가 있다고 판단된다.

1.5 트랙 채널 강화는 양국 간 소통과 신뢰구축의 기본 자산이다. 양국 전문가들을 중심으로 한 한-러 간 1.5 트랙 소통 채널의 다각

화는 정부나 의회 교류의 불연속성을 보완해 줄 수 있는 기재로서도 중요하다.

예컨대, 동방경제포럼과 상트 뻬쩨르부르그 국제포럼과 같이 러시아가 주도하는 국제포럼 플랫폼에 우리 측 전문가들이 주요한 역할을 가지고 참여할 기회를 정부가 적극적으로 제공하여 러시아 오피니언 리더들과의 소통 채널을 강화할 필요가 있다.

이러한 접근의 연장선에서 많은 전문가들이 제안하는 바와 같이, 동방경제포럼과 같은 플랫폼을 활용하여 한·일·러 대화채널을 구축하는 방안 또한 검토해 볼 사안이다.

둘째, 이제는 우리의 대러 협력 문제를 두고 동맹 미국과 긴밀히 전략적으로 소통할 단계라고 생각된다. 한-러 관계가 한미동맹과 미러관계에 동조화되어 있기에 그러하다.

전술한 독일의 대러 경협 및 정책적 지원과 관련하여 독일 정부 역시 동맹 내 다양한 비판에 직면하기도 한다. 이에 대해 독일 경제부 장관이 이는 ▲독일 기업들의 대 러시아 비즈니스 활동에 편리한 환경을 조성하기 위한 것이며 나아가 ▲'이는 우크라이나를 포함한 유럽의 안정화에 기여할 것'이라 설명하는 대목은 우리가 눈여겨 볼 부분이다.

지난 정부에서 한국은 크림반도 합병 사건과 관련하여 대부분의 서방 국가들이 동참했던 대러제재에 대해 '불참'이라는 과감한 결정을 내렸으나, 이후 오히려 스스로 위축되어 러시아와의 정치, 경제적 협력을 자제하는 양상을 보인 바 있다.

독일이 대러 협력을 추진하는 자국의 입장을 명확한 논리를 가지고 동맹에게 설명하는 것과 같이, 한국 역시 우리가 러시아 극동 및 남북러 사업을 비롯한 대러 협력을 전개하는 것이 극동 및 북한의 중국화를 막고 동북아 안정과 균형을 도모하는 데 기여한다는 메시지를 일관되게 발신할 수 있는 적극적 태세가 필요하다.

끝으로 우리 대러외교의 지속성과 일관성을 위한 국내정치적 과제 해결이 무엇보다 중요하다는 점을 강조하고 싶다.

전술한 바와 같이 서독의 동방정책은 20여 년 간 일관되게 추진되어 새로운 역사를 만들어 내었다. 거기에는 정권이 바뀌어도 큰 방향의 정책은 지속 가능하게 했던 '연정'이라는 독일 합의 정치의 힘이 작용했다는 것이 주지의 사실이다.

한국의 경우도 그동안 보수, 진보 정부 모두 명칭만 달리하여 유사하게 러시아와의 협력 사업을 추진해 왔다. 북방정책과 같은 국가 장기전략에 대해서는 모든 정치 진영이 함께 그 최소공배수를 추려 내어 일종의 '국가 장기전략 합의 선언'과 같은 합의 정치의 시도를 모색할 때라 판단된다. 어쩌면 이는 한-러 간 소통채널 강화보다 선행되어야 할 중요한 우리 내부의 과제이다.

올해로 수교 31년을 맞는 한러관계는 앞서 제시된 전면적이고 다층적 차원의 소통 강화와 제도적 개선을 통해서만이 발전될 수 있는 도전기에 들어섰다고 하겠다.

Ⅲ부

실질협력의 모색

유라시아 21

제9장

디지털 무역협정과
한-EAEU 경제협력

이대식 | 여시재

1. 디지털 무역의 시대가 열리고 있다.

디지털 기술 발전에 힘입어 디지털 교역재와 거래 수단이 등장함에 따라 전통적인 무역 환경이 디지털화되고 있다. 2020년 코로나19는 세계 각국 경제의 디지털화와 함께 디지털 무역의 성장세를 가속화시키고 있다. UNCTAD에 따르면, 2020년 글로벌 상품 및 서비스 무역 규모는 전년 대비 각각 9%, 15% 하락했지만 글로벌 소비재 무역 내 전자상거래 비중은 17%로 2019년 14%보다 늘어났다. 2019년 글로벌 디지털 무역 규모는 무려 1조 5천억 달러로 전 세계 무역의 6%를 차지하고 있다. 특히 디지털 서비스 무역의 연평균 성장률은 2005년부터 2018년까지 7%로 전체 서비스 무역의 연평균 성장률 6%보다 높은 수준이다. 이 부문에서 한국은 세계의 변화를 선도하고 있다. 한국의 디지털 서비스 무역 성장률은 같은 기간 세계 평균보다 높은 8.8%였다. 전체 서비스 수출에서 디지털 서비스 무역이 차지하는 비율은 2005년 22.1%에서 2019년 40.4%로 크게 늘어났으며 특히 최근 3년간(2016년~2019년) 전자상거래 수출입 연평균 성장률은 무려 31.8%에 달했다.

<그림 1> 한국의 전자상거래 수출 동향

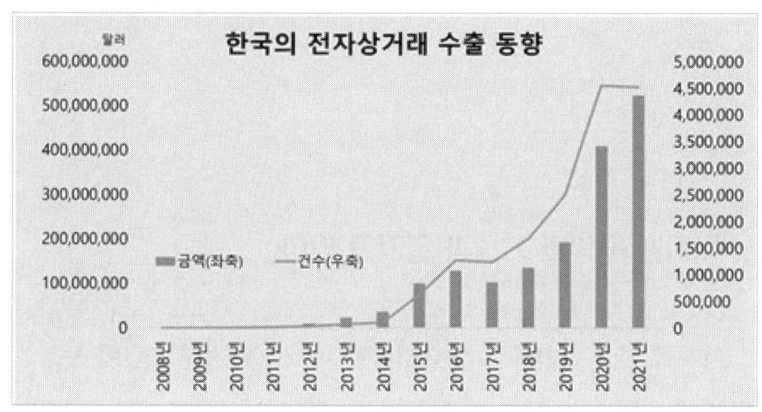

출처: TRASS (2021.08.01)

러시아도 예외는 아니다. 러시아 인터넷 무역 기업 협회 자료에 따르면, 러시아의 전자상거래 시장 규모는 2015년 7,600억 루블에서 2020년 3조 2,210억 루블로 크게 늘어났다. 이 중에서 해외 거래 비중이 25%를 넘고 있어 러시아 전자상거래 부문이 글로벌 디지털 무역 체제에 깊게 편입되고 있음을 알 수 있다.

<그림 2> Russia's E-commerce Sales

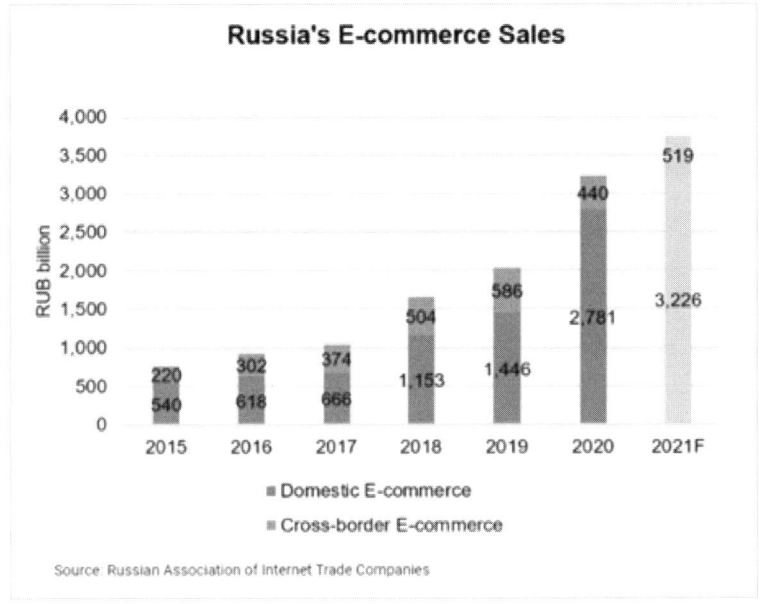

출처: HKTDC(2021), "The E-Commerce Route into Russia"

 러시아뿐만 아니라 유라시아경제연합(EAEU)의 다른 주요국들의 전자상거래 교역도 빠른 속도로 늘어나고 있다. 이에 따라 한국과 EAEU 국가 간의 전자상거래도 2018년 이후 급증하는 추세다. 2018년 한국과의 전자상거래 규모는 러시아, 카자흐스탄, 키르기스스탄이 각각 683,891달러, 31,460달러, 1,056달러에 그쳤으나 2021년에는 8월까지 수치가 3,865,931달러, 1,019,108달러, 1,893,441달러에 이르렀다. 세계 디지털 무역의 시대가 열림에 따라 한국과 EAEU 간의 디지털 무역 협력의 강도도 높아지고 있음을 목도할 수 있는 대목이다.

2. 디지털 무역협정의 시대도 열리고 있다.

디지털 무역 시대가 열림에 따라 디지털 무역협정을 체결하려는 시도 또한 세계 곳곳에서 보이기 시작했다. 아래 그래프에서 알 수 있듯이, 2000년부터 2020년까지 체결된 양자 및 지역 FTA 348개 중 절반 이상인 165개가 디지털 무역 관련 규정을 포함하고 있다. 이 중에서 80개가 전자상거래 및 지적재산권 항목을 도입하고 있다.[60]

<그림 3> Evolution of PTAs with digital trade provisions

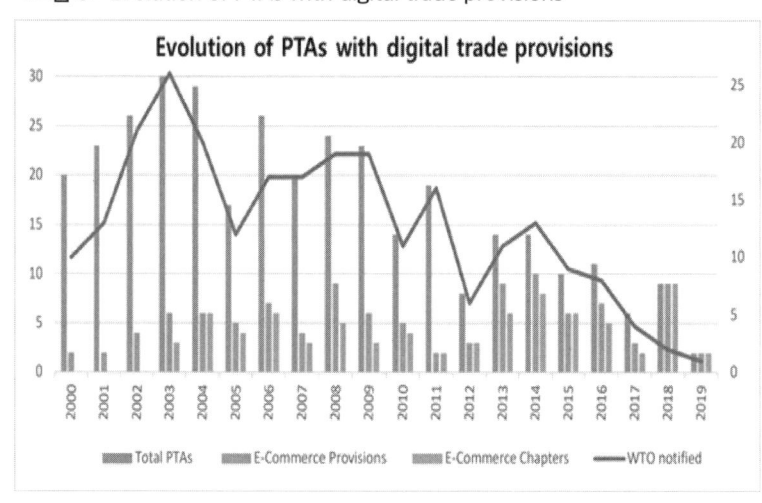

출처: Burri(2021). "Towards a New Treaty on Digital Trade,"Journal of WoardTrade vol.55 issue.1.

주목할 점은 진행되고 있는 디지털 무역협정의 세가지 핵심 쟁점

---

60 Burri, "Towards a New Treaty on Digital Trade," *Journal of WoardTrade* vol.55 issue.1 (2021), pp.77-100.

이다. 첫째는 전자상거래 활성화다. 이를 위해 전자적 전송물 무관세화, 디지털 재화 비차별 대우, 전자서명 및 전자인증, 종이 없는 무역 등의 하위 관련 규정이 논의되고 있다. 둘째는 디지털 상거래 신뢰 증진이다. 온라인 소비자 보호, 개인정보 보호, 스팸 메시지 규제, 사이버안보 협력 등의 하위 규정이 논의된다. 셋째는 국경 간 디지털 무역 자유화다. 그 하부 규정으로 데이터의 국경 간 이전 자유화, 데이터 현지화 요구 금지, 소스코드 공개 요구 금지, 인터넷 접근 및 이용 자유화, 인터넷 서비스 제공자의 책임 범위 등이 있다. 특히 이 세 번째 쟁점, 그 중에서도 데이터 이전 자유화, 현지화 요구 금지, 소스코드 공개 요구 금지 등의 항목이 가장 뜨거운 논란의 대상이 되고 있다. 싱가포르가 주도하고 있는 DEPA, DPA, CPTPP 등과 미국이 주도한 USMCA, 미일 DTA 등에서는 이 항목을 명시하고 준수할 것을 강력하게 주장하는 반면 중국이 주도하고 있는 RCEP은 미온적이다. RCEP의 관련 조항에서는 전자 전송에 대한 관세 부과를 제한하지 않고 국경 간 데이터 전송 또는 데이터 현지화 제한에 대한 별도의 약속도 하지 않고 있다.

3. 디지털 개방 시대에 뒤처지고 있는 한국과 EAEU

한국도 이 지점에서 중국과 크게 다르지 않다. 지금까지 한국이 싱가포르, EU, 페루, 터키, 호주, 캐나다, 중국, 베트남, 콜롬비아, 중미 등과 체결한 FTA에서 이 항목에 대한 의무 준수 조항은 명시되지 않았다. 다만 최근 한국 정부도 싱가포르와 디지털파트너십협정(DPA), 싱가포르, 뉴질랜드, 칠레 3국 간 디지털경제동반자협정(DEPA) 가입 의사를 밝히고 있다. 그러나 안보 상의 이유로 시도 정보를 구글 맵에 공개하지 않는 등 정보지역화(Data Localization) 부문에서 한국은 벨라루스, 카자흐스탄 등 EAEU 국가들과 비슷한 수준으로 비개방적이다.[61]

EAEU 국가 중 러시아와 카자흐스탄은 정보 자유 이동(Data Free Flow)에 가장 엄격하게 통제하는 나라에 속한다. 2020년 OECD가 발표한 디지털 서비스 무역 제한 지수(Digital STRI)에서 카자흐스탄이 1위, 러시아가 중국, 사우디아라비아, 인도, 남아공에 이어 6위를 차지했다. 특히 러시아는 2016년 11월 정보 관련 법규를 위반한 링크드인(Linkedin)은 금지시켰고 페이스북은 2021년 10월 관련 위반 사항을 근거로 총 매출의 5~10% 수준의 벌금을 부과할 것이라고 경고했다.

4. 디지털 경제 성장 잠재력이 큰 EAEU

러시아를 비롯한 EAEU 국가들은 기존의 자원 의존적이고 노동집약적인 산업구조에서 탈피하여 디지털 경제로 고도화하는 정책에

---

61 "Data Localization: A Challenge to Global Commerce and the Free Flow of Information," *Albright Stonebridge Group*, 2015.09.28. https://www.albrightstonebridge.com/files/ASG%20Data%20Localization%20Report%20-%20September%202015.pdf.

역점을 두고 있다. 2017년 맥킨지 보고서[62]에 따르면, 러시아는 글로벌 디지털화 지수 상에서 중국, 중부 유럽, 브라질과 함께 적극적인 추격자 군에 속하고 있으며 경제 디지털화가 2025년까지 잠재 GDP를 4.1~8.9조 루블, 즉 전체 GDP를 19~34%까지 확대할 것으로 전망했다. 현재 EAEU 국가들의 낮은 디지털화 지수는 오히려 향후 디지털경제에 의한 성장 잠재력이 얼마나 큰지를 가늠할 수 있는 근거가 된다. 2017년 세계은행 보고서에 따르면 EAEU 국가들의 디지털 무역 지수는 4.5로 OECD(5.4)와 0.9 포인트 차이가 나고 특히 전자상거래 지수는 미국이 82.6인 데 반해 EAEU에서 가장 높은 러시아가 겨우 57.6으로 격차가 매우 큰 것으로 나타났다.[63] 따라서 이 높은 잠재력을 실현시키기 위해 디지털 부문에서 세계를 선도하는 한국과의 협력에 매우 적극적일 수밖에 없을 것이다.

특히 세계은행의 연구에 따르면 EAEU 국가들이 개별적으로 디지털화를 추진하는 것보다는 통합 정책을 추진하는 것이 그 효과가 훨씬 큰 것으로 나타났다. 2018~2025년 기간 개별적으로 추진할 경우 국제 인터넷 대역폭 증가율은 0.55%, 광대역 인터넷 보급률은 0.8%, 전자상거래 성장률은 0.44%이지만 통합적으로 추진할 경우 각각 0.66%, 1.7%, 0.88%로 훨씬 높은 것으로 나타났다. 이에 따라 세계은행에서는 EAEU에 유럽과 같은 디지털 통합 시장과 함께 단일한 디지털 플랫폼을 만들 것을 권장하고 있다. 따라서 한국 또한 FTA

---

[62] "Цифровая Россия: новая реальность," Mckinsey, 2017. https://corpshark.ru/wp-content/uploads/2017/07/Digital-Russia-report.pdf.

[63] "THE EAEU 2025 DIGITAL AGENDA: Prospects and Recommendations," *World Bank Group*, 2017.

와 마찬가지로 러시아를 포함하는 EAEU와 디지털 무역협정을 체결하여 동반성장을 모색해야 한다.

<그림 4> Impact of digitalization initiatives on GDP growth

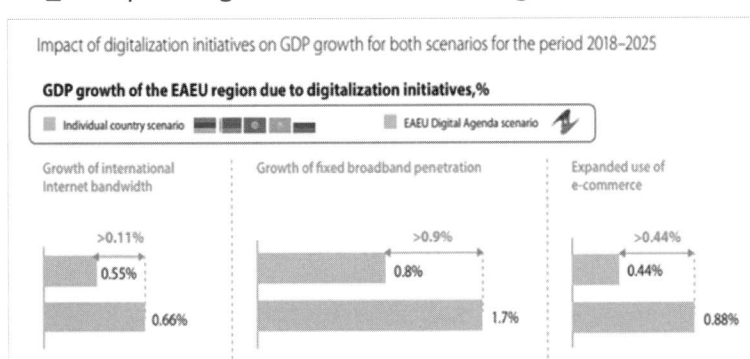

출처: World Bank Group(2017), "THE EAEU 2025 DIGITAL AGENDA: Prospects and Recommendations"

5. 한국과의 디지털 무역협정은 러시아에 유리

EAEU가 높은 디지털 경제 성장의 잠재력을 실현하기 위해서는 무엇보다 디지털 무역 장벽을 완화할 필요가 있다. 특히 EAEU를 주도하고 있는 러시아에게 디지털 무역 장벽 완화의 효과가 학계에서 검증된 바 있다. 2019년 러시아 해외 무역 아카데미에서 발신한 연구보고서[64]에 따르면, 디지털 장벽을 완화할 경우 제조업의 경우 러시

---

64 Tatiana Flegontova, "How does digital trade policy affect digital trade: Russia's perspective," *Russian Foreign Trade Academy*, 2019.

아 시장에 있는 외국 기업에게는 2.6%에서 18.3%, 해외에 진출한 러시아 기업에게는 5.6%에서 39.2%의 긍정적인 효과가 있는 것으로 나타났다. 동 보고서에 따르면 제조업 외에도 운송, 여행, 건설 등 산업 제 분야에서 상당한 규모의 긍정적인 영향을 끼치는 것으로 판명되었다. 러시아가 디지털 무역 장벽을 허무는 무역협정을 체결하기에 한국은 훌륭한 파트너다. 우선 디지털 상서비스에서 러시아가 한국에 대해서는 무역흑자를 기록하고 있을 뿐만 아니라 최근 러시아의 한국에 대한 디지털 서비스 수출액도 급증하고 있기 때문이다. 러시아는 2017년 디지털 서비스 부문에서 한국에 약 2,500만 달러를 수출하며 무역 흑자를 기록하기 시작했고 이후 수출액이 급격하게 늘어나 2019년에는 약 6,500만 달러에 달했다. 디지털 무역장벽을 완화할 경우 디지털 수출액과 함께 흑자폭은 더 커질 수 있을 것이다.

<그림 5> 한국의 대러 IT 상품 및 서비스 무역수지 추이

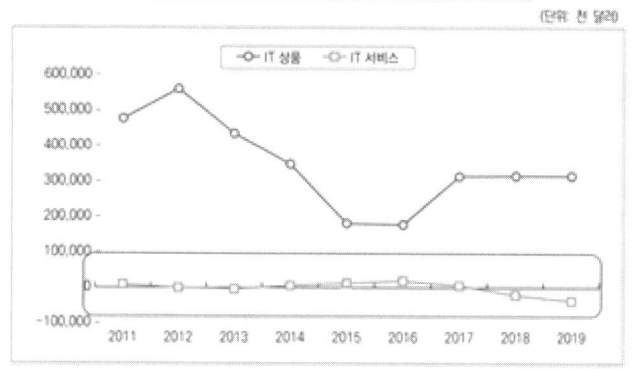

<그림 6> 러시아의 대한국 IT 서비스 수출액 및 비중 추이

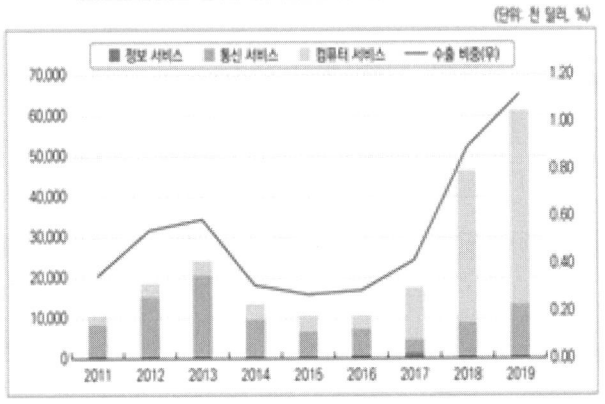

출처: KIEP(2020), "러시아 IT 산업 발전과 한·러 협력: 러시아의 경제 구조전환을 중심으로"

또한 디지털 무역장벽 완화는 세계 최고 수준의 알고리즘 개발력을 갖춘 러시아와 세계 최고 수준의 상품 개발력을 갖춘 한국 간의 시너지를 극대화시킬 수 있을 것이다.

6. 유연한 상호주의에 입각한 한-EAEU 디지털 무역협정

앞에서 살펴본 것처럼 한국과 러시아의 디지털 무역 개방 정도는 중간 수준이다. 러시아가 강력한 정보 지역화(Data Localization) 정책을 쓰기 때문에 조금 더 낮은 편이다. 한국은 개인정보보호법(PIPA)에 따라 상호주의 원칙을 적용하고 있다. 만약 이 상호주의 원칙을 맹목적으로 적용할 경우 러시아와의 디지털 무역협정은 사실상 의미가 없어진다. 그러나 러시아의 정보 지역화가 중국보다 훨씬 탄력적이라는 점에 주목하여 보다 유연하게 접근할 필요가 있다. 러시아는 국내의 서버에 모든 개인정보를 수록할 것을 원칙으로 하고 있지만 그와 동시에 국내 서버와 같거나 적은 분량의 개인정보를 국외 서버에 보관하는 것을 허용하고 있다. 따라서 러시아 국내 서버를 거치기만 한다면 사실상 해외 이전은 가능하다는 것이다. 이점을 살려 디지털 무역협정 협상에서 상호 보다 유연한 타협점을 찾을 수 있다. 한 가지 예시로서 한국에서 이미 실용화되고 있는 '마이 데이터'시스템을 러시아에도 공동으로 적용할 수 있을 것이다. 마이 데이터 제도는 일단 개인이 자신의 정보를 일정한 기업 즉 마이 데이터 사업자에게 신탁하고 이 사업자는 가명화와 익명화를 통해서 이 정보를 금융회사나 중계기관에게 제공하여 수익을 얻고, 이 과정과 수익의 일부가 정보 주체인 개인에게 공유된다. 이 과정에서 개인 정보는 국내 마이데이터 사업자의 데이터서버에 보관되고 또 한국신용정보원이라는 공공 기관에 의해 지원 관리된다. 만약 개인 정보의 해외 유통도 이 시스템에 의해 이루어진다면 사실상 한국에 개인정보가 일차로 데이터서버에 보관되고 그 다음에 해외로 이전되는 셈이다. 일종의 개방형 데이터 로컬리제이션이다. 만약 러시아도 이 마이 데이터 시스템을 사용한다면 자국의 데이터 로컬리제이션 규정을 적용하여 공공이 관리하면서도 개인정보 해외 이전도 허용할 수 있을 것이다. 한국과 EAEU 간 디지털무역협정을 통해 한국이 싱가포르처럼 중간국으로서 이 부문을 선도할 수 있기를 희망한다.

<그림 7> 마이데이터 생태계와 참여 주체

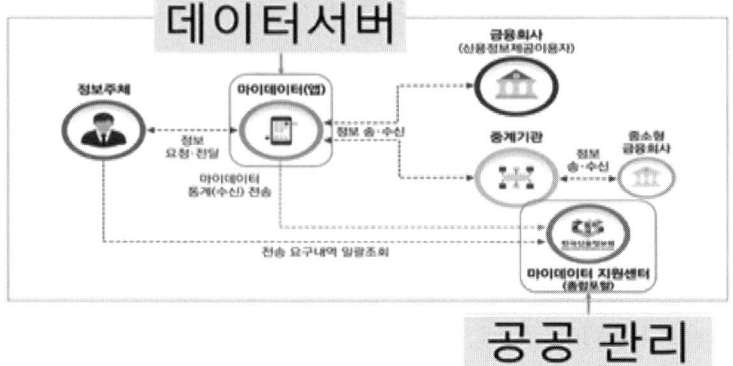

출처: S-Core (2021.04.30.), "마이데이터 사업, 어떻게 준비해야 할까?-마이데이터 플랫폼 핵심 전략". 필자 수정.

유라시아 21

제10장

외국인 투자 촉진과
위험 회피를 위한 제도적 과제

백 동 화 | 법무법인(유) 세종

1. 머리말

2020년 대러 외국인직접투자액은 순유입액 기준 14억 달러로 전년도 289억 달러에 대비하여 95% 급감하였다.[65] 이는 1994년(6.3억 달러) 이래 최저 액수이다. 세계은행은 "2020년 1-9월 누적 외국인직접투자 보고서"에서 팬데믹에 따른 경제 불안, 유가 하락, 지정학적 리스크 등에 따른 러시아 내수 부진을 그 원인으로 분석하였다. 러시아 경제개발부는 경제특구 입주기업을 대상으로 추가 진출 혜택을 제공하기 위한 경제특구법 및 세법 개정안을 정부에 제출하는 등 러시아 정부차원의 법제도적인 정비를 통해 투자환경을 개선하기 위해 꾸준히 노력 중이다.

이 밖에도, 러시아는 외국인 투자의 촉진 및 보호에 관한 국제 조약(BIT)을 체결 및 비준하고, 러시아에서 사업을 운영하기 위한 절차

---
65 러 중앙은행 발표, 2020.01.19.

를 간소화함으로써 외국인 투자자를 유치하기 위한 조치를 점진적으로 취하고 있다. 세계은행의 자료를 추적하여 관찰하면 외국인 투자유치 환경이 꾸준하게 개선되었다는 것을 알 수 있다. 나만 현재 상황에서 러시아의 외국인투자 유치 환경에 대한 시계열적인 평가를 하기는 어렵다. 세계은행의 투자환경 보고서가 윤리적인 문제로 인해 2020년 이후 발행 중단되었기 때문이다.

세계은행의 2020년 보고서[66]에 따르면 러시아의 전체 순위는 190개국 중 28위로, 31위인 중국보다 높은 순위를 기록하고 있다. 10년 전 100위 밖의 순위였다는 사실을 고려하면 큰 비약이라 판단된다. 그러나 문제가 없는 것은 아니다. 분야별 투자환경의 순위 편차가 크며, 특히 외국인투자의 경우 국제적인 거래가 수반되는데 통관과 관련된 투자환경이 개도국 가운데도 하위권에 해당하는 것은 외국인 투자가 무역을 증가시키고 무역이 다시 투자를 유발하는 효과를 감소시키고 있다.

하지만 펜데믹으로 인한 위기에도 불구하고 외국인 투자자들은 러시아를 투자하기에 매력적인 국가 중 하나로 계속 인식하고 있다. 2020년 러시아는 유럽의 상위 20개 투자 대상 중 11위를 차지했다. 독일, 중국, 미국은 2020년 러시아 경제의 주요 투자자 목록에서 상위에 자리하고 있다. 제재에도 독일과 미국의 투자가 계속되고 있다는 점은 시사하는 바가 크다. 본 발제문에서는 대러시아 외국인투자

---

[66] Doing Business, 『Doing Business 2020』 (WorldBankGroup, 2019).

환경을 평가하고, 외국인 투자 관련 러시아 법률을 개괄적으로 언급하며 현장 경험을 기반으로 러시아 투자 시 위험 회피를 위해 고려해 볼만한 사항을 기고하고자 한다.

2. 대러시아 외국인투자 환경 평가

러시아 연방법[67] 상 "외국인 투자"란 외국 투자가에 의하여 현금, 증권, 기타 지적 활동의 결과, 서비스, 및 정보에 대한 자산, 물권적 권리, 배타적 권리를 포함한, 민법상 외국인 투자자가 소유하는 수단(러시아 연방법상 러시아에서의 민사상 거래가 금지 또는 제한된 경우 제외)의 형태로 러시아 영토 내에서의 기업 활동을 목적으로 직간접적으로 이루어진 외국 자본 투자를 의미한다.

간접 투자는 법률에 의해 직접적으로 규율되지 않는다. 그러나 투자자의 영리단체의 허가된 정관상 자본의 10% 미만에 대한 인수는 간접적 통제를 행사하는 것으로 간주될 수 있다. 영리단체의 허가된 총 자본의 출자 지분 10% 이상에 대한 외국인 투자자의 인수, 러시아 영토에 설치될 외국 법인 지점의 고정 자산에 대한 자본 투자와 같은 방법으로 직접 투자 형태로 이루어질 수 있다.

---

[67] "러시아 연방 외국인 투자에 관한" 연방 법률 제2조 "현 연방법에서 사용되는 개념들" Статья 2. "Основные понятия, используемые в настоящем Федеральном законе," Федерального закона "Об иностранных инвестициях в Российской Федерации" от 09.07.1999 N 160-ФЗ.

러시아 중앙은행의 통계에 따르면, 2017년부터 2019년 3분기까지 대러시아 외국인 직접투자 순유입액 약 633억 중 한국의 비중은 0.3%로, 투자금액은 약 2억 달러에 불과하다. 오히려 러시아에 대한 제재에 앞장서고 있는 유럽과 미국 기업들이 적극적이다(영국 75.5억 달러, 미국 7.8억 달러). 대러 제재가 특정 분야 기업 및 제재대상 개인이 일정 이상 지분을 소유한 기업 대상이기 때문이다. 따라서 서방국가들의 대러 제재가 한국의 대러 투자 부진의 이유는 아니라고 생각한다.

러시아의 인구는 약 1억 4600만 명[68]으로 세계 9위에 해당하는 인구대국이며, 1인당 국민소득도 1만 달러[69]로 중상위권에 속하는 나라로 절대 작지 않은 시장이다.

영국의 파이낸셜 타임스에서 경제적 잠재력, 비즈니스 친화성 등 5개 범주로 나누어 유럽도시들을 평가하는 "fDi's European Cities and Regions of the Future"에서도 10위 내외의 성적을 유지하며 투자 매력도가 높은 도시 중 하나로 뽑히고 있다.[70] 러시아 정부는 비즈니스 여건 개선을 위해 특별경제구역, 선도개발구역 등을 건설하고, 세금 혜택, 행정 간소화 등 다양한 정책을 시행하고 있는데 이를

---

[68] Worldometer, "Countries in the world be population," 2021, https://www.worldometers.info/world-population/population-by-country/ (검색일: 2021.10.07.).

[69] The World Bank, "GDP per capita (current US$)," https://data.worldbank.org/indicator/NY.GDP.PCAP.CD (검색일: 2021.10.07.).

[70] fDi Intelligencec, "fDi's European Cities and Regions of the Future 2020/21 - Winners," https://www.fdiintelligence.com/article/76767 (검색일: 2021.10.07.).

활용한 서방 기업들의 진출이 활발하다.

수입자동차 중 현지 점유율 1위인 현대/기아차를 비롯하여 러시아 어디서나 판매하는 도시락 라면의 팔도라면 등 현지 진출 한국기업의 성공 사례도 적지 않다. 러시아에 대한 부정적 고정관념을 버리고 인식의 변화가 필요한 시점이다.

3. 러시아 외국인 투자법 개관

러시아도 외국인 투자의 촉진 및 보호에 관한 국제 조약(BIT)을 체결 및 비준하고, 한국을 포함한 약 80개국과 체결하여 러시아에서 사업을 운영하기 위한 절차를 간소화함으로써 외국인 투자자를 유치하기 위한 조치를 점진적으로 취하고 있다.

외국인 투자에 있어 기본법이라 할 수 있는 법률로는 1999년 7월에 제정된 "러시아 연방 외국인 투자에 관한" 연방 법률[71](이하-외국인 투자법)이 있다. 그 밖에도 외국인 투자유치를 위한 구체적인 법령에는 "러시아 연방 특별경제 구역에 관한" 연방법률[72], "러시아 국가 방위 및 국가 보안에 전략적으로 중요한 사업 단체에 대한 해외 투자

---

[71] Федеральный закон "Об иностранных инвестициях в Российской Федерации," от 09.07.1999 N 160-ФЗ.

[72] Федеральный закон "О внесении изменений в некоторые законодательные акты в связи с принятием Федерального закона "Об особых экономических зонах в Российской Федерации," от 22.07.2005 N 117-ФЗ.

절차에 관한"연방법[73], "러시아 연방 극동 선도개발구역에 관한"연방법[74], "블라디보스토크 자유항에 관한"연방법[75] 등이 있다.

외국인투자법은 외국인 투자의 일반적인 원칙을 규정하며, 특정 보장 및 혜택 사항이 포함된다. 예를 들어, 1. 특정 예외를 제외하고, 일반적으로는 러시아 투자자보다 불리한 대우를 받지 않게 하는 내·외국인 동등 원칙, 2. 외국인 투자자의 자산은 연방 법률에서 특별히 다르게 규정하지 않는 한 국유화되거나 몰수될 수 없고, 만약 이러한 경우, 투자 및 손실에 대해 보상을 하는 수용으로 인한 손해의 보상, 3. 적용되는 세금을 납부한 뒤, 러시아 외 지역으로 합법적으로 취득한 수익과 기타 금액을 자유롭게 이전하거나 재투자할 수 있는 영업활동 및 과실송금보장 원칙, 4. 지방정부 또한 특정 혜택과 보장을 부여할 수 있도록 하는 지방정부의 인센티브 제공 기회도 부여 되며, 5. 일정 조건하의 외국인 투자에 대해서는 불리한 법률 변경으로부터 보호하기 위해 투자 프로젝트 전체 기간 동안 세제가 악화되지 아니할 것을 보장하는 안정화 조항(일명 "Grandfather's Clause")도 규정되어 있다. 안정화 조항은 외국인 투자자의 영리단체에 대한 투자 지분이 정관상 자본의 25%를 초과하는 경우나 외국인 투자자의 영리단체에 대한 투자가 우선 투자 프로젝트(priority

---

[73] Федеральный закон "О порядке осуществления иностранных инвестиций в хозяйственные общества, имеющие стратегическое значение для обеспечения обороны страны и безопасности государства," от 29.04.2008 N 57-ФЗ.

[74] Федеральный закон "О территориях опережающего социально-экономического развития в Российской Федерации," от 29.12.2014 N 473-ФЗ.

[75] Федеральный закон "О свободном порте Владивосток," от 13.07.2015 N 212-ФЗ.

investment project)를 시행하는 경우에만 적용된다.

나아가, 외국인 투자 촉진을 위한 투자 제도도 존재한다. "투자계약 체결을 위한 특별 메커니즘(special mechanism for concluding investment contracts, 이하 "SPIC")"이 바로 그것이다. SPIC는 러시아 내 지역 생산을 촉진시키기 위한 목적으로 정부와 민간 투자자 간의 일종의 정부-민간 파트너십을 구성하는 것이다. SPIC의 주요 내용은, 투자자가 러시아 내 일련의 공산품 생산을 개발하기 위해 기술을 개발하거나 현지 생산을 위한 투자 사업을 시행하기로 하는 경우, 투자자와 정부 간에 계약이 체결되는 것이며, 정부는 투자자를 위한 사업 환경의 안정성을 보장하고 인센티브를 부여하고 있다. SPIC에 참가하는 기관에 대하여, 연방 예산에 적용되는 세율은 0%이며, 지역 예산에 적용되는 세율은 연방주체 법령에 의해 0%로 낮아질 수 있다. 국내 기업 중에는 현대자동차 및 그 계열사가 이 제도를 통해 러시아 현지에 진출한 것으로 알려져 있다.

또한, 특별법률제도가 적용되는 지역이 있다. 우대사항을 제공하면서, 해당 지역 일자리 창출 및 관련 산업의 발전을 모색하는 제도이다. 러시아 정부는 국내/해외 투자 여부에 관계없이 러시아 경제의 특정 분야 및 특정 지역에 대한 투자를 적극적으로 장려하며, 러시아에는 다양한 혜택과 인센티브를 제공하여 사업을 하는 주민에게 특별한 조건을 제공하는 여러 특수 구역(special zones)이 있다.

1) 스콜코보 혁신 센터(Skolkovo Innovation Center)

러시아의 "실리콘 밸리"라고 하는 대표적인 정부 프로젝트인 스콜코보 혁신 센터는 에너지 효율성, 전략적 컴퓨터 기술, 바이오 제약, 핵 및 우주 기술 분야에 대한 연구 및 개발 활동을 촉진하기 위해 설치되었다. 해당 프로젝트에 참여하는 IT회사에게 2021년 1월 1일부터 보험료 인하, 부가가치세 면제와 같은 세금 감면 혜택 등 스콜코보 혁신 센터 입주기업에게 다양한 혜택과 지원이 이루어지고 있다.

2) 경제특구(Special Economic Zone - SEZ)

러시아 경제의 우선순위 부문(예를 들어, 혁신 기술, 항구 및 오락 단지)에 대한 투자를 유치하기 위해 설계된 경제특구는 2005년 7월 22일 제정된 "러시아 연방 경제특구"에 관한 연방 법률(이하-SEZ 법률)[76]에 의해 규제된다. SEZ는 산업 및 생산 유형 SEZ(SEZ IPT), 기술 혁신 유형 SEZ(SEZ TIP), 관광 및 레크레이션 유형 SEZ(SEZ TRT), 항만 SEZ - 총 4가지 유형이 존재하며, 49년 단위로 지정된다.

현재 러시아에는 총 36곳의 SEZ가 있다. 현재까지 15년의 운영 기간 동안 SEZ에는 778인 이상의 거주자가 등록되었고, 여기에는 41개국의 144개 이상의 외국 자본이 포함되어있다. SEZ 입주기업에게는 행정절차간소화, 세금 및 관세 우대, 토지 임차/매수 인하, 개발 초기 단계의 투자 프로젝트 시행 지원 등 러시아에서의 생산 현지화와

---

[76] Федеральный закон "Об особых экономических зонах в Российской Федерации," от 22.07.2005 N 116-ФЗ.

유라시아 시장 진출을 포함하여 프로젝트 시행에 있어 여러 가지 경쟁력 있는 이점을 제공한다.

3) 선도개발구역(Advanced Special Economic Zone - ASEZ)

선도개발구역을 규제하는 주요 법률은 2014년 12월 29일 제정된 "러시아 연방 선도개발구역"에 관한 연방 법률이다. 동법은 선도개발구역의 법적 지위, 정부 지원 방법과 해당 구역 내 영업활동 등을 규정하고 있다. 러시아의 신동방정책, 우리나라의 신북방정책의 접합점인 극동지역의 투자 촉진을 위해 마련된 선도개발구역은 70년 단위로 지정되며, 러시아 연방 정부의 결정에 따라 그 기간이 연장될 수 있다.

기존의 극동 경제특구가 다른 아태지역의 특구와 비교하여 복잡한 행정 처리를 비롯한 여러 이유로 경쟁력이 부족하다는 평가로 인해, 러시아 정부는 선도개발구역에 대해 행정적 간섭을 최소화 하고 기존의 경제특구 보다 일 진보된 안정적인 비즈니스 환경 조성을 위해 2014년 제정하였다. 입주기업에 대하여 임대료 혜택 및 세제 혜택 등을 제공하고 있으며, 한국토지주택공사(LH)에서도 동 제도를 활용하여 연해주 나데젠스까야 지역에 한국형 산업단지 건설을 추진하고 있는 것으로 알려져 있다.

4) 블라디보스토크 자유항(The Free Port of Vladivostok - FPV)

"블라디보스토크 자유항에 관한"연방 법률(일명 블라디보스톡 자유항법)은 극동지역의 경제를 아태지역국가의 경제와 통합시키고, 이를 통한 극동지역 주민의 삶의 질을 향상 시키기 위한 목적으로 2015년에 제정되었다. 항만물류, 과학기술, 수산업, 관광 등의 분야에 대한 외국인 투자 유치를 위해 해당 자유항을 통해 수출입 되는 물품에 적용되는 세금 제, 통관 간소화는 물론 일시 무비자 입국 혜택 등을 부여하여 해당지역의 물류, 운송은 물론 관광산업 등의 발전을 목표로 하고 있다. 현재 극동 지역에서 5개 지역의 22개 시도에 FPV 체제가 적용되고 있다.

러시아 투자 촉진을 위한 법과 제도가 있듯이 외국인 투자 규제에 대한 법률도 제정되어 있다. 러시아 투자에 있어 검토되어야 할 주요 법률 중 하나가 반독점법이라 말하는 2006년에 제정된 "경쟁보호에 관한" 러시아 연방 법률[77]이다. 우리나라에는 공정거래위원회가 있다면 러시아에는 독점금지 기관, 반독점청(Russian antitrust authority, 이하 "FAS")이라고도 불리우는 FAS가 있다. FAS는 시장지배력 남용 행위의 규제, 반경쟁적합의 규제, 불공정 경쟁행위, 및 기업결합심사 등 을 감독하는 기관이며, 외국인 투자에 있어서는 통상 국내기업이 러시아 기업 대상 M&A를 진행할 때 그 재무적 기준치[78]에 따라 적용 되는 경우, FAS의 승인을 받아야 한다.

---

77 Федеральный закон "О защите конкуренции," от 26.07.2006 N 135-ФЗ.
78 1. 거래 당사자들 및 그들의 그룹의 직전 보고일 기준 대차대조표상 총자산 합계가 70억 루블을 초과하는 경우, 2. 상기 법인의 상품 판매에 대한 총 연간수입이 100억 루블을 초과하는 경우 3. 주식(지분권), 자산 또는 기타 권리를 취득하기 위한 거래에 따르면, 대차대조표상 거래 대상 또는 그 그룹의 총 자산 가치가 40억 루블을 초과하는 경우.

러시아의 반독점법은 다음과 같은 거래 및 행위를 러시아 독점금지 기관 FAS의 규제 대상으로 정하고 있다.

1) 러시아의 합작 주식회사의 의결권 있는 주식의 25% 이상, 50% 이상, 75% 이상에 대한 인수,
2) 러시아의 유한책임회사의 지분권의 1/3, 1/2, 2/3 이상에 대한 인수,
3) 러시아에 연간 10억 루블을 초과하는 금액 상당의 상품을 조달하는, 러시아 외에서 설립된 법인에 대한 의결권 있는 주식(지분권)의 50% 이상에 대한 인수, 또는 해당 법인이 사업을 수행하거나 집행 기관의 기능을 수행하는 조건을 결정할 수 있는 기타 권리의 50% 이상에 대한 인수,
4) 러시아 소재 고정자산 및/또는 다른 사업체의 무형자산에 대한 소유권 취득, 사용, 점유로서, 취득된 자산의 대차대조표 가치가 이를 처분 또는 이전한 법인의 고정자산 및 무형자산의 대차대조표 가치의 20%를 초과하는 경우,
5) 법인의 설립시 발행자본이 주식(지분권)으로 지급되는 경우, 또는 자산이 주식(지분권) 또는 자산과 관련하여 취득되는 경우,
6) 러시아의 사업체가 사업 활동을 수행하거나, 집행기관의 기능을 수행할 수 있는 조건을 결정할 수 있는 권리를 취득하는 행위,
7) 사업체의 통합,
8) 하나 또는 여러 개의 사업체를 다른 사업체와 합병,
9) 경쟁 관계에 있는 사업체와 러시아에서의 협력을 위한 협약을 체결하는 행위.

만약 금융기관과 관련하여 거래 또는 기타 행위를 하는 경우, FAS의 승인이 필요한지 여부를 결정하기 위해서는 러시아 정부와 러시아 중앙은행이 정한 기준이 적용된다. 해당 기준은 금융기관의 종류에 따라 상이하며 정기적으로 개정되고, 자연적 독점 거래에 대하여는 특별 독점규제 법률이 적용된다.

2008년 4월 29일 제정 "러시아 국가 방위 및 국가 보안에 전략적으로 중요한 사업 단체에 대한 해외 투자 절차에 관한"연방법(이하-전략투자법)에 따라 러시아 경제의 특정 전략 분야에 대한 외국인 투자를 통제하는 법적 체제가 수립되었다. 전략투자법은 러시아의 국가 이익 보호를 보장하는 한편 외국 투자자를 위해 러시아에서 예측 가능하고 투명한 사업 환경을 조성하는 것에 그 의의를 두고 있다고 말하지만, 쉽게 말해 국가 방위 및 안보에 중요한 사업 유형을 지정하여 외국인 투자를 통제하는 것이 그 취지이다.

현재는 러시아 투자에 있어 러시아 법령 외에도 서방의 대러제재 적용여부도 검토를 해야 하는 상황이다. 서방에 의한 대러제재는 크게 러시아 내 산업, 기업, 개인에 대해 일반적으로 적용되는 제재와 러시아의 크림반도 병합정책에 대해 적용되는 제재로 구분된다. 이 중 러시아에 대한 일반적인 제재는 EU 제재규정[79] 및 미합중국 행정명령(Executive Order) 제13660호, 제13661호, 제13662호에 의해 주로 규율되고 있다.

---

[79] EU Council Regulation No. 833/2014. (No. 960/2014 및 No. 1290/2014로 일부 개정).

EU 제재규정 제13조는 동 규정의 적용범위를 "(i) EU의 영토 내; (ii) EU 회원국의 관할에 속하는 선박 또는 항공기 내, (iii) EU 회원국의 국민, (iv) EU 회원국의 법률에 따라 설립된 법인, (v) EU 내에서 전부 또는 일부가 이루어진 사업과 관련된 법인"으로 한정하고 있다. 미국에 의한 대외경제제재는 통상 '국제긴급경제권법(International Emergency Economic Powers Act)'및 '수출통제법(Export Administration Act)'에 근거해 이루어진다.[80] 미국의 대외경제제재는 크게 미국 연방재무부(Department of Treasury) 산하 해외자산통제국(Office of Foreign Asset Control - OFAC)에 의해 이행되는 금융제재(OFAC 제재)와 미국 연방상무부(Department of Commerce) 산하 산업안보국(Bureau of Industry and Security - BIS)에 의해 이행되는 무역제재(BIS 제재)로 대별할 수 있다. 제재규정의 직접적인 적용대상 여부는 각 국가, 부처에 따라 상이하기에, 러시아 투자 시 고려해야 할 사항이 한층 더 많아졌다.

4. 맺음말

2000년 초반과 같이 러시아 진출이 활발했던 시기 이후 2008년 금융위기를 시작으로 2014년 우크라이나 합병으로 인한 서방의 대러제재, 그리고 최근에는 팬데믹 상황으로 인해 국내기업의 대러투자는 여러 대내외적 여건으로 인해 어려운 상황이다. 하지만 그 와

---

80 단, 이란에 대한 경제제재와 같이 특별법에 근거하여 제재가 이루어지는 경우도 있다.

중에도 시대별 한-러 경제협력 분야, 양국이 필요로 하는 산업분야가 달라지는 것을 볼 수 있다. 최근에는 의료 제약, IT, 조선 산업, 소재 부품 장비(소부장) 등 양국의 니즈가 있는 분야에서는 진출을 도모하거나 투자가 이루어지는 모습을 볼 수 있다.

투자를 할 때 투자자는 투자 위험을 회피하기 위해 한정된 정보를 바탕으로 판단을 한다. 주어진 정보가 많고 정확할수록 위험도는 낮아질 것이다. 법은 시대적 상황과 그 필요에 따라 끊임없이 제정되고 수정되기에 비전문가가 새로운 법률과 제도 및 동향을 모두 파악하고 있기란 쉽지 않은 일이다.

투자 위험 회피를 위해 준비해야 하는 것은 진행하고자 하는 사업 구조 전반에 대한 법률 검토인데, 이 역시도 각 회사의 규모나 시스템에 따라 대응방안이 다를 것이라 생각한다. 대기업은 사내 법무팀, 나아가는 컴플라이언스팀을 운영하고 있어 자체적으로 사업에 대한 리스크를 검토하고 움직이는 반면, 그렇지 못한 기업의 경우는 상대적으로 러시아 투자 시 위험 요소에 노출될 확률이 상당히 클 것이다.

따라서 최선의 방법은 사업 초기 단계부터 법률 회계 세무 등 전문가 자문을 통하여 투자 리스크를 최소화하는 것이라고 생각한다. 현지법에 저촉되는 사업 구조로 업무를 진행하다가 사업이 중단되거나, 피할 수 있는 이슈도 시기를 놓쳐 불가피하게 위험 요소를 가지고 사업을 진행해야 하는 상황은 아무도 원하지 않을 것이다.

아울러, 아래 사항을 고려한다면 어느 정도 투자 리스크가 감소할 수 있을 것이다.

거래 상대방의 등기부등본 열람을 통해 투자 전 상대방에 대해 미리 최소한의 확인이 가능하다. 러시아의 약 80%이상이 유한책임회사 형태의 법인이다. 유한책임회사의 경우 러시아 국세청 홈페이지에서 거래 상대방의 등기번호 등 최소한의 정보만 알아도 무료로 등기부등본을 열람할 수 있다. 이를 통해 회사의 자본금, 출자자 지분구조, 법인 대표 등 회사 정보를 확인할 수 있다.

한편, 특정 사업에 있어 중소기업벤처부 등 정부 기관의 지원금을 받아 사업을 진행하는 경우, 지원금 항목에 법률 혹은 회계, 세무 분야에 대한 자문 항목을 전용 불가하게 별도로 구성하는 것을 하나의 방안으로 고민해 볼 필요는 있어 보인다.

유라시아 21

제11장

러시아, 중앙아시아 물류, 유통 공동진출 방안

김익준 | 에코비스오리진, 인하대

1. 코로나19 이전 물류, 유통

러시아, 중앙아시아와의 수출입 물류비는 다른 국가에 비해 상대적으로 높다. <그림1>과 같이 선박과 철도 그리고 국경 통과 시 철도 광궤(Broad Gauge)와 협궤(Narrow Gauge)로 구분되어, 기차 왜건(wagon) 자체를 환적해야 한다는 점에서 물류비와 리드 타임(lead time)이 더욱 증가한다.

코로나19 이전을 포함해 러시아, 중앙아시아가 개방된 1991년 이후부터 해당 국가들에 대한 수출의 대부분은 물류와 유통을 분리하지 않고 결합한 운송 방법으로 진행되었다. 즉 운송조건 FOB, CIF, DDP보다는 수입자들이 선호하는 것은 사회주의국가에서 자본주의로 변화하는 혼란한 시기에 불법 통관 위주로 진행되어 유럽으로 우회 수출하는 방식을 선택했다.

러시아에서 처음 비즈니스(물류, 유통)를 시작했던 1993년 당시 해당 국가에서는 국제운송만 진행되었을 뿐 실제 수입자들이 원하는

<그림 1> CIS 국가 해상, 철도

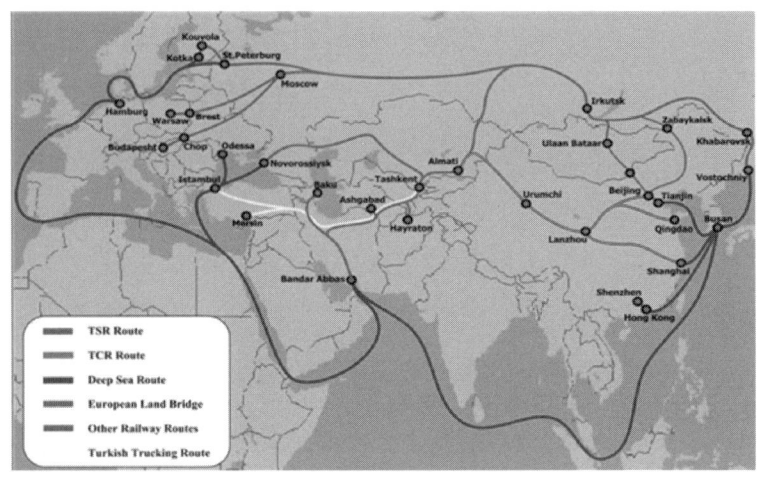

DDP 조건 또는 현지에서 Door To Door 서비스는 이루어지지 않았기에 우선 1993년부터 한국 업체 위주로 현지 마케팅에만 집중할 수 있도록 제품에 관해 관·부가세도 먼저 지불하는 Door To Door 서비스를 시작했다.

1998년도까지 해당 서비스로 수출입업체의 수요가 늘어났지만, 한국과 러시아 사이의 항공 운송에 있어 국적사인 대한항공에 화물기 취항이 없었기에 항상 space 부족 현상이 나타났다. 이 문제를 해결하고자 러시아 내 항공사와의 전세기 계약으로 주 1, 2회 러시아 모스크바와 한국 김포 공항으로 space 문제를 해결했다. 그러나 이러한 물류는 정상적인 관세를 지불하지 않는 비정식 통관 방식이었다는 점에서 정부의 제재를 받았다. 항공 운송 이외에 선박을 이용한 컨테이너 운송은 <그림 2>와 같이, 러시아로 수출되는 제품은 유럽(독일과 핀란드), 중앙아시아로 수출되는 제품은 두바이 등으로 우회 수출되었다. 2006년도 한국과 러시아 사이의 수출입 교역에 대해 정부 모 기관은 50억 달러라고 발표했지만, 그 수치는 맞을 수도 있고 틀릴 수도 있다. 해당 시기 직접적인 러시아로의 수출과 한국으로의 수입은 50억 달러가 맞지만, 당시 우회 수출로 인해 러시아행 수출 제품이 유럽행으로 면장이 작성되었고, 그 실적 또한 유럽과의 교역 실적에 포함되었다는 점을 고려하면, 실질적으로 러시아에 수출한 제품은 3배 이상이 될 것이다. 실제로 2006년도 한국의 전자제품 대기업 중 한 업체만하더라도 러시아에서 올린 실적이 40억 달러가 넘었다.

<그림 2> 우회 수출

그러나 비정식 통관으로 인한 관세 포탈 문제가 심각해지자 푸틴

대통령은 2007년 1월 신년회 생방송에서 "앞으로 국경 무역에 의한 관세 포탈이 적발되면 과거 러시아 제정 때처럼 해당자들의 손목을 자르겠다"는 내용의 경고를 했다. 그 이후 러시아에는 우회 수출이 사라지고, 러시아 내에서 정식통관으로 변경되었다. 이 의미는 물류와 유통에 있어 커다란 이슈가 된다. 러시아 내에 정식통관을 할 수 있는 관세법인 업체들이 필요했고 정식통관에 의한 재고관리가 필요한 물류센터들도 필요하게 되어 한국 물류, 유통업체들은 러시아 수입업체들에 더 많은 서비스를 해줘야 했다.

2008년 비정식 통관에서 정식 통관으로 변경된 이후 2010년 관세동맹(러시아, 벨라루스, 카자흐스탄, 키르기스스탄, 아르메니아)으로 인해 러시아 및 중앙아시아에서는 또 다른 물류, 유통의 변화가 이루어졌다. 관세동맹 5개 국가 내 어느 지역에서라도 한번 통관 수입된 제품은, 다른 국가의 어느 곳으로든 자유롭게 판매가 가능해졌다는 점에서 해당 상황에 맞는 물류와 유통전략이 필요하게 된 것이다. 〈그림 3〉에서 알 수 있듯이 그간 물류, 유통업체들은 국제운송에 집중하거나 국제운송+통관까지만 해결을 해주었으나, 관세동맹 이후에는 러시아 수입업체가 카자흐스탄 또는 키르기스스탄에서 통관, 즉 카자흐스탄, 키르기스스탄 DDP 조건을 제시하게 될 경우 현지에 수입법인이 없는 한국의 유통업체들은 해결 방법이 없어지게 된 것이다. 해당 조건을 해결하기 위해선 멀티 네트워크를 소화해낼 수 있는 현지 물류 또는 유통업체가 협업이 필요하게 되었다.

<그림 3> CIS 변화에 따른 대응

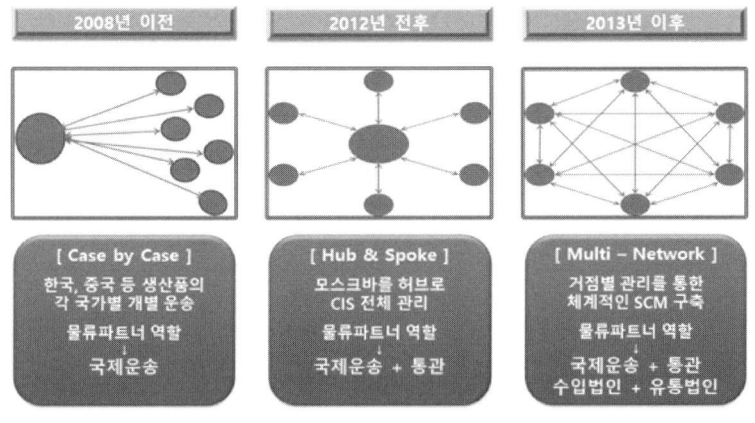

2. 코로나19 이후 물류, 유통

코로나19 이전과 비교했을 때 코로나19 이후, 항공 부분에서 발생한 가장 큰 변화 중 하나는 승객 수 감소와 그에 따른 여객기 운항 감축이다. 여객기 운항 감축은 항공 운송 space 감소를 의미한다. <그림 4>에서 보이듯이, 러시아 및 중앙아시아행 항공 스케줄이 대폭 감소해 항공 운송료가 3배 가까이 상승했다. 또한 중국 내 컨테이너 부족과 한국 선사 한진 문제 및 선박 부족으로 선박 운송료 또한 3배 이상 폭등했다.

<그림 4> KOREA 발 항공 스케줄

인천-모스크바 : 코로나19 이전								
DEST	CARRIER	MON	TUE	WED	THU	FRI	SAT	SUN	비고
SVO2	여객	1회	1회	2회	1회	2회	2회		주 11회 운항
SVO2	화물	1회		1회	1회	2회	1회	2회	주 8회 운항

인천-모스크바 : 코로나19 이후								
DEST	CARRIER	MON	TUE	WED	THU	FRI	SAT	SUN	비고
SVO2	여객				1회		1회		KE,SU 각1회 운항
SVO2	화물		1회		1회	1회	1회	1회	주6회 운항

인천-알마타 : 이전								
DEST	CARRIER	MON	TUE	WED	THU	FRI	SAT	SUN	비고
ALA	여객	1회	1회		1회	2회	1회	1회	주 7회 운항

인천-알마타 : 이후								
DEST	CARRIER	MON	TUE	WED	THU	FRI	SAT	SUN	비고
ALA	OZ(여객)				1회				주 1회
ALA	KZ(여객)		1회			1회			주 2회

인천-타쉬켄트 : 이전								
DEST	CARRIER	MON	TUE	WED	THU	FRI	SAT	SUN	비고
TAS	여객	2회	2회	2회	1회	3회		2회	KE,OZ,HY 주12회 운항

인천-타쉬켄트 : 이후								
DEST	CARRIER	MON	TUE	WED	THU	FRI	SAT	SUN	비고
TAS	여객	1회		2회		1회			KE,OZ,HY 주4회 운항

코로나19 이후 유통업체 입장에서 더 큰 문제는 대면 업무를 할 수 없는 것이다. 수출입을 정상적으로 진행하기 위해서는 제품에 대한 홍보 및 업체 개발이 이루어져야 한다. 그러나 코로나19 사태로 인해 대면 업무, 현지 출장이 전혀 이루어지지 않게 되면서, 처음 개발된 업체에 대한 믿음과 신용을 보장받을 방법이 거의 없어지게 되었다. 이에 따라 러시아 및 중앙아시아에 현지 법인이 있는 대기업에 비해 중소기업은 더 많은 제약과 타격을 받고 있다.

이와 같은 상황에 세관, 통관 업무에 대한 정보는 더욱 부족한 상황이다. 코로나 19 초기에 수출입 물량이 감소했던 것에 비해 현재는 코로나 19 이전과 큰 차이가 없어졌다. 이에 따라 세관, 통관 업무에 대한 정보가 더욱 필요하게 되었지만, 세관 및 터미널의 업무가 재택근무로 전환되면서 통관에 관한 리드 타임이 증가할 수밖에 없게 되었다. 또한 현지 통관비, 국내 운송료 등이 증가하는 것에 대한 인폼도 검증할 방법이 없다. 현재 상황에서는 러시아 및 중앙아시아에서 현지 세관, 통관 업무를 지원해주고, 유통 부분과 관련하여 수입자 또는 현지법인 역할을 해줄 수 있다면 중소 업체에서 더 많은 수출입 실적을 올릴 수 있을 것이다.

3. 자의적 판단

러시아, 중앙아시아 현지와 한국에서 비즈니스를 하면서, 한국 수출입 업체들에게 가장 먼저 이해시켜드려야 할 사항은 러시아, 중앙아시아에 대한 편견이다.

1993년부터 러시아와 중앙아시아에서 근무를 하여 현재 28년 차가 되었지만, 지금까지도 러시아 마피아를 만나본 적도, 테러를 당해본 적도 없다. 그러나 한국에서 미팅 시, 러시아 업체와 거래를 하려면 마피아 및 정부 조직과 네트워크가 없으면 어렵다는 낭설을 믿고 있거나, 중앙아시아와 거래 시에는 현지 대통령 라인에 연결된 업체들이 대부분이고 그래야 검증이 된다고 믿고 있는 실무자들이 있다.

러시아 마피아 체첸 반군, 중앙아시아 이슬람교 사람들에 대한 잘못된 인식은 할리우드 영화에 따른 문제이다. 할리우드 영화에서 항상 나쁜 사람, 마피아는 러시아계, 그리고 더 나쁜 사람은 중앙아시아 이슬람계로 표현되었기에 러시아 및 중앙아시아에 대한 자료를 쉽게 접하지 못했던 한국 담당자들은 할리우드 영화의 내용으로 러시아 및 중앙아시아를 이해할 수도 있을 것이다.

또한 러시아, 중앙아시아와 관련된 기사들에는 잘못된 부분이 많다. 특히 자의적 판단에 대한 문제이다. 러시아, 중앙아시아 관련된 기사 중에서 "법 제도가 주, 시별로 세관별로, 지방행정 별로 일관성이 없어서 어디서든 뇌물이 상당한 역할을 한다. 세관도 관할 세관에 따라 HS CODE를 자의적 판단에 따른 관세율이 달라진다." 이러한 표현은 1993년부터 러시아, 중앙아시아에서 직접 관세 자격증을 취득하여 세관 업무를 진행 중인 업체에선 이해가 안 되는 부분이다. 그동안 해당 국가의 세관에서 통관 업무를 진행 해보면 한국 세관에서 진행되는 업무 및 절차 〈그림 5〉와 크게 다른 것이 없다. 한국에서 수입할 때 진행되는 절차는 해당 품목에 따라서 절차 및 제출서류가 복잡하다. 그렇지만 한국에서 수입할 때 꼭 필요로 하기에 한국 세관에서 요구하는 서류를 모두 제출해야만 한다. 어느 국가의 통관 절차도 한국의 수입, 통관 절차와 크게 다르지 않다. 그럼에도 불구하고 러시아 특히 중앙아시아로 수출입을 하는 한국 업체는 자의적 판단을 내린다. 할리우드 영화에 나와서 혹은 한국보다 교역량 및 물가가 높지 않아서 해당 국가들을 낮게 평가하고, 당국의 세관에서 요구하는 서류들을 준비하지 않는다. 문제가 발생하면 촌지로 해결할 수 있다는 자의적 판단에 따라 러시아, 중앙아시아 국가들과의 물류와 유통에서 큰 실수를 저지르는 것이다.

<그림 5> 한국 수입 통관절차

① 서류 수취 (이메일, 네이트온 등) (화주 -> 관세사)
- B/L, Invoice, Packing List, 운임 인보이스 등
② 서류 확인 (관세사)
a. HS CODE 확인 (사진, 용도, 재질) FTA 관세율 적용 여부 (FTA 원산지증명서 유무)
b. 요건 대상 여부 확인 (HS CODE 에 따라 대상 구분) 감면 대상 여부
③ 신고서 작성 (관세사)
- 엑셀 데이터 upload 하여 생성 - 수기 입력 (Excel 이외의 파일형태, PDF 또는 사진)
④ 세관 수입 신고 (관세사 -> 관세청)
- EDI 방식 : KT NET 망을 통해서 통관 프로그램에서 관세청 시스템인 UNI-PASS 로 전달
⑤ 수입 신고 검토 (세관)
a. P/L (Paper Less) : 화면 심사 – 세관원이 자신의 모니터에서 신고 내용을 확인 후에 이상 유무 확인하는 제도 ;
b. 서류 제출 : 수입 통관 시 필요한 서류를 세관에 제출 (일반적으로 PDF 파일 형태로 업로드 함 / 일부서류는 직접제출)
c. 물품 검사 : 세관원이 직접 물품이 반입된 장소로 가서 현품을 보고 이상 유무 확인.
⑥ 수입 신고 결제 (관세청)
② 세금 (관세 및 부가가치세 등) 납부 (관세사 또는 화주)
a. 사전 납부 (관세사) : 물품을 출고 하기 전에 납부 하는 방법. 일반적으로 결제 이후에 세금 납부
b. 사후 납부 (화주 또는 관세사) : 물품을 먼저 출고 한 뒤, 수입신고수리일로부터 15일 이내에 세금을 납부. 미리 세관에 신청하여 승인된 업체만 사용할 수 있음
* 배차 요청이 있는 경우, D/O Charge (관세사) 납부
① 면장 (수입신고필증) 송부 (이메일, 네이트온 등) (관세사)
② 배차 요청 – 면장 및 D/O제공 (관세사)

다시 정리하면 러시아, 중앙아시아의 행정, 세관 업무 등은 한국, 미국, 유럽과 크게 다른 것이 없다. 다만 국가별로 그 나라 상황에 맞게 추가적인 서류가 필요할 뿐이다. 필요한 서류를 모두 준비해 제출하면 해당 국가의 담당자들은 통관해주게 되어있지만 그러한 서류를 다 준비하지 않았기에 통관이 되지 않는다는 것을 먼저 이해해야 한다.

편견, 자의적 판단과 관련하여 특히 우즈베키스탄 환경에 대하여 오해를 많이 하고 있다. 2017년도까지는 CIS 국가 중에서 가장 비즈

니스하기 어려운 환경이었던 것은 사실이다. 수출입 업무에 있어서 가장 중요한 부분인 해외송금 즉 환전이 정상적으로 이루어지지 않았기에 불법 거래가 많이 이루어졌지만 새로 정권이 바뀌고 2017년 9월 환전 개발이 된 이후로는 투자환경이 새롭게 변화되었다.

    그러나 여기서도 중요한 부분은 환전이 개발되었다고 현지에 있는 모든 화폐를 은행에서 환전하여 국외로 송금이 할 수 있다는 것이 아니다. 정상적인 계약서에 의한 수출입 거래가 이루어진 건들에 한해서만 가능하다. 불법 환전은 범죄이기에 특히 주의해야 한다.

4. 소유에서 공유로

    코로나19를 위기라고 생각할 수도 있지만 한국의 물류, 유통 및 수출업체들이 적절한 협업을 이루어낸다면 오히려 러시아 및 중앙아시아에서 많은 기회를 얻을 수 있다. 러시아 및 중앙아시아 연관된 물류, 유통, 제조업체를 확인하면 수출입에 관련해서 <그림 6>과 같은 Total service를 할 수 있는 업체가 없다. 그렇기에 각 업체 간의 장점을 혼자 소유했던 방식에서 함께 공유하여 러시아 및 중앙아시아 수출입 관련 업무를 한다면 지금보다는 더 경쟁력이 생길 것이다.

<그림 6> 물류+유통 Alliance 구축

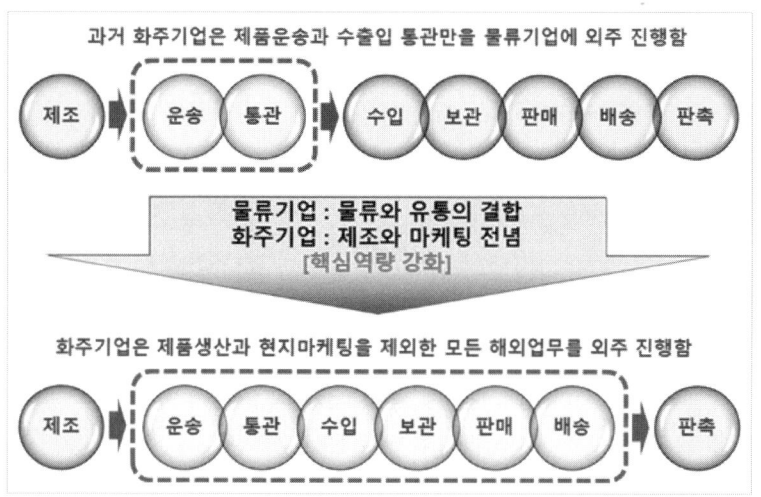

현재 유통, 제조 및 수출입업체는 코로나19 이후 대면 업무, 출장 업무가 중단되었고 현지 통관 업무 변화에 대한 자료도 부족하다. 또한, 현지에서 결제 관련 문제 발생 시 해결 방법이 없다.

그러나 러시아 및 CIS 국가 현지화가 되어있는 한국 물류 업체들은 현지에서 대면 업무, 통관 업무 및 상황에 따라서 현지 수입자 역할 및 현지법인 대행도 가능하다. 다만 현지에 정상적인 현지법인(매출, 회계, 수업역할)을 운영하는 물류 업체만 가능할 것이다.

한국의 유통, 제조업체와 러시아, 중앙아시아에 진출하여있는 물류 업체가 해당 업무를 공유한다면 대면 업무뿐만 아니라 현지에서 진행이 어려운 A/S 분야, 결제 대행 등도 진행할 수 있다. 즉 <그림 7과> 같은 유통, 제조업체의 인큐베이터 역할이 가능한 것이다.

<그림 7> 인큐베이터

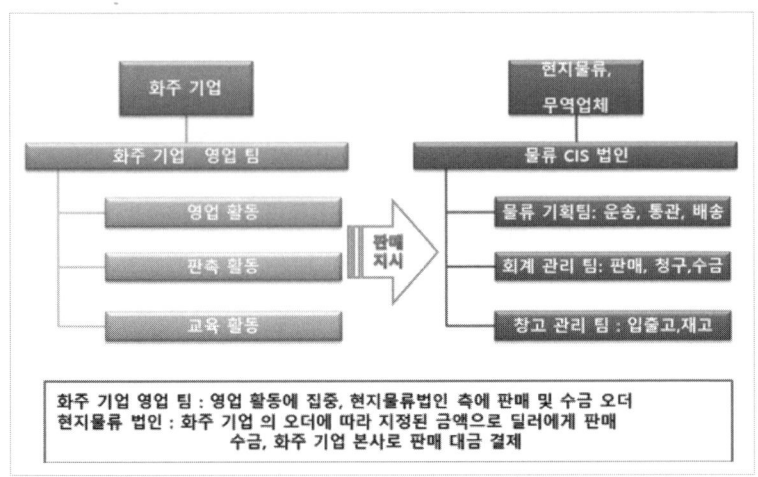

러시아 및 중앙아시아 수출 및 해당 국가 내에서 재고관리 운영이 필요할 시에도 그동안 편견이 있는 분야는 물류센터 업무이다. 해당 국가의 낙후된 물류센터에 의한 분실 및 도난을 부담스러워하지만 대부분 잘못된 인식이다. 우즈베키스탄은 2020년부터 물류센터들이 신축되었지만, CIS 국가 중에서 메이저인 러시아, 우크라이나, 카자흐스탄 등은 오히려 한국보다 더 물류센터 시설이 잘 되어 있어서 안전에 문제가 없다.

<그림 8> CIS 물류센터 운영

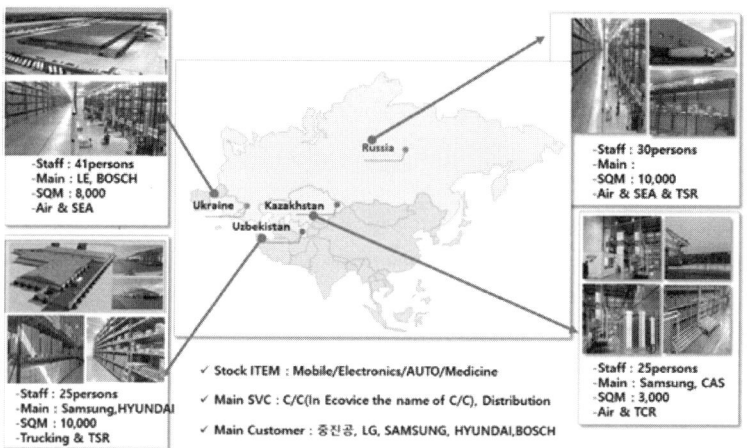

한국의 유통, 제조업체들이 물류 회사와 소유에서 공유로 인식하고 협업을 한다면 지금의 코로나19 상황은 기회가 될 수 있다.

한국의 유통과 제조업체들 그리고 한국 내 물류 업체들이 미국과 유럽 진출하는 방법과 현지에서 원하는 서류를 준비한다면 러시아 및 중앙아시아에서 문제 될 것이 없다. 그리고 한국 내 신생기업, 핀테크 기업, 이커머스, IT업체들 또한 러시아, 중앙아시아에 진출한 물류 회사들과 협업한다면 더 큰 시장에서 성공할 수 있을 것이다.

유라시아 21

제12장

중앙아시아 ICT 분야
발전전략 및 협력방안

이 백 희 | 이스트텔레콤 대표

1. 경제협력 관련 러시아·CIS 인식에 대한 회고

91년 구소련 붕괴 이후 한국과 러시아·CIS국가들 간 외교관계가 수립된 지 30주년이 되었다. 노태우 정권 당시 수립된 러시아를 포함한 신북방지역과의 외교관계는 새로운 시장개척에 대한 호기심과 기대감 그리고 약간의 두려움으로 시작되었다. 이러한 시작과 더불어 경제협력과 관련하여 러시아·CIS 시장 참여자 혹은 관여자 사이에서 러시아·CIS 시장을 규정짓는 일종의 인식 프레임이 만들어지기 시작했다.

첫 번째 인식은 러시아·CIS국가가 블루오션 지역이라는 것이다. 자칫 '젖과 꿀이 흐르는 땅'으로 오해받기 쉬운 규정인 것이다. 블루오션이란 경쟁자가 제공하지 못하는 새로운 고객가치(제품 혹은 서비스)창출을 통해 경쟁이 없거나 미약한 즉, 새로운 시장을 의미한다. 이렇게 지역개념이 아님에도 불구하고 많은 러시아·CIS 관련 리포트에 습관적으로 왜곡되어 사용되고 있다. 이러한 인식의 오류는 잘못된 판단과 결과를 가져올 수 있다.

두 번째 인식은 러시아·CIS는 자원, 한국은 기술과 자본 측면에 상호보완적이라 양국 간에는 경제협력 관련 시너지가 있다는 인식이다. 그러나 지난 30년 동안 한국과 러시아·CIS 간의 기대에 못 미치는 경제협력의 결과를 보면 이 역시 유효성이 떨어지는 인식이었음을 알 수 있다. 오히려 한국과 러시아·CIS는 글로벌 밸류체인 상 연결고리가 약하며 그 결과 경제협력의 한계는 사실 필연적이라 할 수 있다.

세 번째 인식은 러시아 기초과학 기술과 한국의 제조업 능력 간 시너지 효과가 기대된다는 것이다. 그러나 러시아의 기초과학 기술이 한국 제조업에 일부 사용된 사례는 있으나, 양국 간의 메가 트렌드라고 할 정도 아닌 것이 현실이다. 최근 한국과 러시아·CIS와의 심리적 간극이 조금씩 좁혀지고, 러시아 자체가 기초과학 기술에서 응용분야로 확대하려는 노력과 더불어 점차 글로벌 시장으로 진출을 가시화하면서 이 시너지의 그 가능성은 아직 남아 있는 것으로 보여 아직은 유효한 인식으로 보인다.

이렇게 러시아·CIS 시장은 블루오션도 아니며 밸류체인 상 한국과 상호보완적 시장도 아니고 신남방 시장과 같이 이미 수요가 확보된 "있는 시장'도 아니고 수요 자체를 만들어야 하는 '없는 시장'이라고 할 수 있는 '미개척 시장'인 것이다.

구소련 붕괴 후 30년이 지난 지금 시점에서는 러시아·CIS를 더 이상 사회주의에서 자본주의로의 체제 전환국이 아닌 개발도상국 관점으로 바라보는 것이 타당하다. 물론 러시아를 개발도상국 관점에서 보는 것은 다소 무리가 있으나, 그 외 CIS 국가들, 특히 중앙아시아 국가들을 개발도상국 관점에서 인식하고 그들이 어떻게 국가경제 발전을 도모할 것인가에 대한 고민을 시작하는 것이 바람직한 방향일 것이다. 본고에는 이러한 개도국의 관점에서 ICT발전전략 그리고 중앙아시아 국가들과 한국 간 경제협력 방안을 논하고자 한다.

2. CIS·중앙아시아, 디지털 경제의 변곡점 앞에 서다.

대부분의 중앙아시아를 비롯한 CIS 국가들은 ICT 발전이 자국 경제발전에 중요하다는 것을 인식하고 있으며 실제로도 많은 투자가 이루어지고 있다. 최근에는 그러한 ICT 투자로 플랫폼 경제 및 디지털 전환(Digital Transformation)로의 변혁이 이루어지고 있는 변곡점에 놓여 있다. 이제 기존의 사회주의에서 자본주의로 전환이라는 시각의 유효성은 이미 상실되기 시작했으며 국가발전의 추동력으로 디지털 경제로 전환이 가장 중요하다는 인식이 새롭게 자리 잡기 시작했다.

그러나 러시아·CIS국가에는 ICT가 국가 발전 도구로 유용하게 활용되는 것을 막는 여러 장애물이 있다. 첫째, 러시아·CIS 국가 혁신의 최대 장애물은 바로 지하경제(underground economy)이다. 세금 탈루와 관련된 기록되지 않는 경제(unrecorded economy)는 기록될 수밖에 없는 ICT 도입을 막는 요소이다. ICT 발전은 기존에 지하경제에 종사하던 이해관계자들의 이익을 침해하기 때문이다. 중앙아시아의 우즈베키스탄만 하더라도 지하경제의 규모가 약 48% (230억 달러)에 달한다.

두 번째 장애물은 디지털 경제의 양면성인 '생산성의 역설'이다. ICT 발전은 곧 자동화를 의미한다. 이는 더 이상 과거만큼의 노동력이 필요하지 않음으로 실업자가 양산된다는 뜻이다. ICT 혁신 기술(Leapfrog technology)을 바탕으로 경제발전을 이룩할 수 있다는 막연한 기대감은 있으나 아직은 러시아·CIS 중 어느 나라도 그 가능성을 보여주지 못하고 있다. 디지털 혁신 기반 경제구조로 전환하기 위해서는 경제주체의 기술 수용성이 충분히 높아지고 조직 재편, 인적자본 확충 등 기술혁신을 보완할 대규모 투자가 전제되어야 한다. 여기에는 상당한 시간이 소요되기 때문에 본격적인 생산성 개선이 이루어지기까지 시차가 발생하게 되는 것이다.

그리고 또 하나의 디지털 경제의 양면성은 글로벌 ICT 발전으로 기존에는 제조업분야에서 개도국의 저임금을 이용하려는 선진국 기업의 해외 이전이 활발했으나, 제4차산업혁명이 시작된 최근에는 리쇼어링(Re-shoring) 현상이 발생하고 있다는 것이다. 제4차 산업혁명 주창자 클라우스 슈밥도 다음과 같이 우려하고 있다.

> 사실 제4차산업혁명으로 저렴한 노동력이 더는 기업의 경쟁력에 도움이 되지 않는다는 판단 하에 전 세계 제조업이 선진국으로 회귀하는 리쇼어링 현상이 발생한다면 저소득 국가는 심각한 문제를 겪게 될 것이다.

국가경제이든 기업경영이든 새로운 전략선택은 늘 위기와 기회를 동시에 노출한다. 새로운 미래를 창조하는 작업은 리스크를 수반한다. 그러나 이러한 리스크가 없다면 가치를 창조할 기회가 적어지고, 경제 발전, 기업 번영도 있을 수가 없다. 그리고 그러한 리스크 선택에 따른 부작용을 최소화하는 전략 또한 필요하다.

<그림 1>과 같이 중앙아시아는 디지털 경제로의 전환을 위한 최소한의 ICT 인프라가 준비되고 있다.

<그림 1> CIS, IT 기반 인프라 발전현황

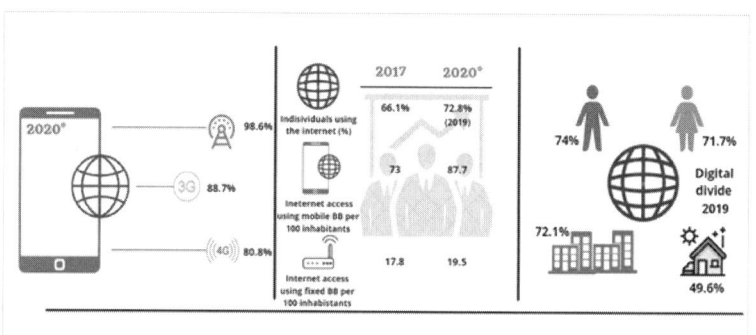

2020년 기준으로 러시아·CIS 국가의 이동통신 커버리지는 98.6% 수준이다. 그 중에 혁신적 기술로 평가되는 4G의 커버리지는 80.8%에 달한다는 점에서 통신 액세스에는 문제가 거의 없는 수준이다. 인터넷 보급률은 이동통신을 기준으로 100명당 87.7%이다. 다만 유선 브로드밴드 보급률은 100당 19.5% 수준으로 한국의 절반 수준이다. 또한 디지털 격차를 기준으로 남성과 여성의 접근성은 각각

74%, 71.7%로 큰 차이를 보이지 않는다. 다만 도시와 농촌이 각각 72.1%, 49.6%의 격차를 보이고 있다. 농촌 지역의 인터넷 액세스 문제는 농업 발전에 결정적 요소이기 때문에 풀어내야할 숙제이다. 중앙아시아 대표 국가인 우즈베키스탄과 카자흐스탄의의 경우 아래의 그림과 같이 디지털 경제로 전환을 위한 기본 ICT 인프라가 구축되고 있다.

<그림 2> 중앙아시아 UZ & KZ ICT 현황

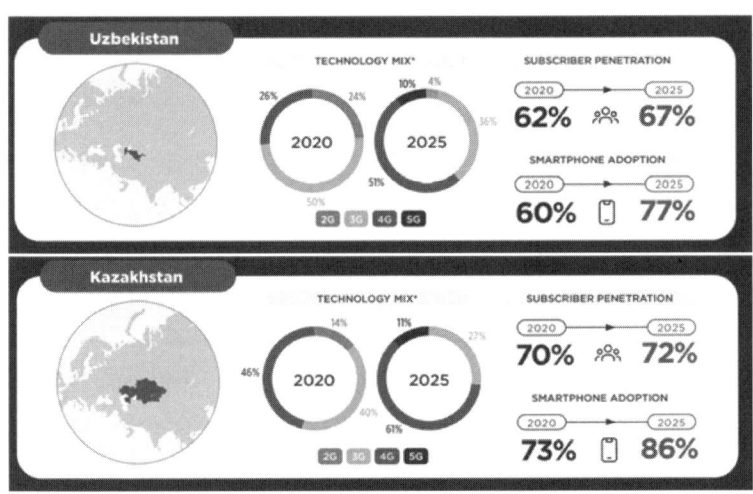

<그림 3> CIS, IoT connection 발전 전망

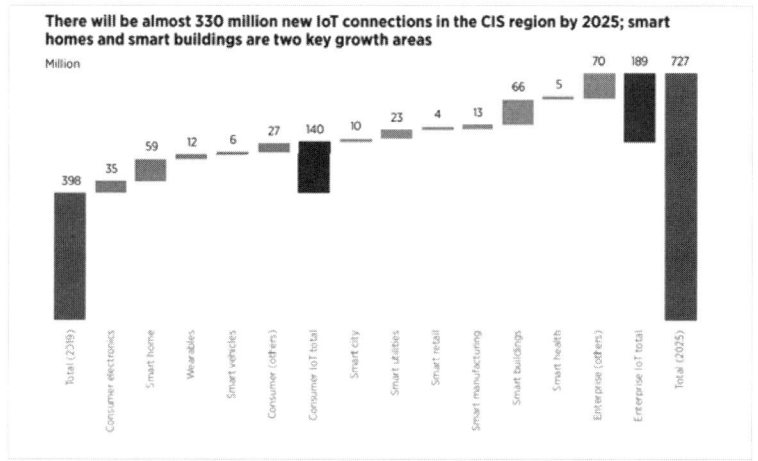

IoT의 경우도 2019년 398백만 개에서 2025년에는 727백만 개로 스마트 홈/빌딩, 스마트 유틸리티 등 다양한 영역에서 IoT가 증가할 것으로 예상된다.

3. 중앙아시아 ICT 발전전략과 경제협력방안

지난 30년 동안 CIS/러시아 국가들은 사회주의 경제에서 자본주의로의 체제 전환기였다. 경제적 관점에서는 '무료경제'에서 '유료경제'로 전환이 이루어지는 과도기였던 셈이다. 전환 초기에는 긍정적인 측면보다는 부정적인 측면이 부각되는 이른바 'J 커브 효과'가 불가피하다. 사전에 준비된 시스템 없이 경제의 주체가 정부에서 개인으로 넘어가면서 지하경제가 공식경제를 대체하게 되었다. 지하경제는 경제 통계 취합 불가능 등 최소한 경제운용 계획조차도 어렵게 하는 식의 악순환이 계속되고 있다. 이러한 환경에서 ICT는 '무료경제'에서 '유료경제'로의 전환을 원활하게 하고 지하경제의 비중을 줄이는 역할을 함으로써 국가통계를 가능하게 한다.

그리고 한국의 CIS/중앙아시아 경제협력 방안 역시 '무료경제'에서 '유료경제'로의 체제전환시 발생하는 '미해결 과제'에 초점을 맞추고 ICT를 통한 효율적인 디지털 전환시스템 구축을 통해 그 미해결과제를 해결하는 것이다. <그림 4>는 이미 확보된 ICT 기본 인프라를 기반으로 하여 '무료경제'에서 '유료경제'로 전환이 가능한 디지털 응용분야이다.

<그림 4> ICT 기본 인프라 기반 전환가능 디지털 응용분야

미해결 과제	적용 분야	HOW	RISK
정부예산 낭비	• 전력, 가스, 상하수도, 교통카드	ICT Digitalization	정부의지 필요 및 고용이슈
거래 투명화	• E-commerce	open market 플랫폼	물류 및 지불수단
의료 예산 낭비 공공의료 낙후	• 병원, 보건소 등	스마트 헬스케어 솔루션	정부의지 및 이해관계자 저항
낮은 생산성	• 농업 및 축산업	스마트 팜	IT /전력 낙후된 인프라

첫 번째는 전력, 가스 등 유틸리티 분야이다. 전력분야의 가장 큰 고민은 도전(盜電)이다. 즉 불법접속으로 전기 등 공공서비스를 훔치는 행위로 인해 예산 및 에너지 낭비뿐만 아니라 최소의 유틸리티

분야 통계작업도 어려운 실정이다. 이러한 전기, 가스등 공공 서비스의 유료화 전환에 따른 미해결 과제는 IoT를 활용한 디지털 전환을 통해 해결할 수 있다.

실제로 2016-2021년까지 KT는 우즈베키스탄에서 ADB(Asian Development Bank)자금으로 사마르칸트, 부하라 그리고 지작 3개 도시에 IoT 스마트 미터기를 설치 및 운용하는 AEM(Advanced Electricity Metering)프로젝트를 진행하였다. 그 결과 부하라 지역 표본조사에 따르면 AEM 도입 이후 매출증가가 56%, 체납금액이 -19% 감소하는 등 획기적 결과를 가져왔다. 이러한 결과에 힘입어 AEM 사업은 전국으로 확산되어 현재 740만 가구에 설치가 완료되어 전기 배전분야의 IoT가 완성되었다. 우즈베키스탄 전력청에 따르면 수도 타슈켄트의 경우 AEM 설치 이후 전기 체납자가 약 190,000명에서 약 29,000명으로 85% 감소하였다. 이 AEM사업은 '무료경제'에서 '유료경제'로의 변환 측면에서 디지털 전환을 통해 에너지 절감 및 국가자원의 효율적 활용이라는 효과를 거둔 좋은 사례로 뽑히고 있다. 따라서 향후에는 전기뿐만 아니라 가스, 상하수도 등 기타 유틸리티 분야에 확대 적용될 것으로 예상된다. 그리고 이러한 사례는 카자흐스탄을 비롯한 중앙아시아 지역으로 확대될 것으로 예상되므로 한국과 전략적 협력방안으로 고려해 볼만한 분야이다.

두 번째 ICT 발전전략과 경제협력분야는 E-commerce 분야이다. 전술한 바와 같이 스마트폰 보급률은 60-70% 수준으로 전자상거래가 가능한 수준이다. 중앙아시아의 경우 2020년 기준 우즈베키스탄이 전체 거래액의 0.1%, 카자흐스탄이 3.8% 수준으로 글로벌 수준이 약 20%인 것을 감안하면 매우 미약한 수준이다. 물론 그만큼 성장 잠재력이 크다는 것을 의미하기도 한다. 이러한 E-commerce 분야를 육성해야 하는 정부의 전략적 니즈는 바로 거래 투명화에 따른 세수 확보와 오프라인 비용절감에 따른 물가 인플레이션 압력 약화이다.

그러나 E-commerce 사업이 본격화되기 위한 생태계(Eco-system) 관점에서 주변 인프라가 아직 구축되지 않았다. 예를 들어, 아직은 지하경제 즉 정당한 관세를 지불하지 않고 수입된 물품이 많기 때문에 E-commerce를 통해 공식판매를 할 수 없는 관계로 역설적으로 온라인 가격이 오프라인 가격보다 더 비싼 경우가 많다. 그리고 풀필먼트(Fulfillment) 서비스를 실현하기 위한 배달, 창고, 지불 시스템 등 기본 인프라 부재 또한 E-commerce 발전을 위해 극복해야할 장애물로 꼽히고 있다. 그러나 시간이 지날수록 이러한 기본 인프라 즉 배달, 창고, 지불 시스템 자체가 수익성이 있는 사업이기 때문에 E-commerce 생태계는 점차 개선될 것으로 예상되므로 한국과 중앙 아시아간의 주요 경제협력 대상이 될 수 있다.

세 번째 협력분야는 보건 헬스케어 분야이다. 온전히 기록 관리되지 않는 환자 치료데이터, 그로 인한 예산낭비 및 공공의료 서비스 품질 저하가 중앙아시아 지역의 보건 헬스케어 분야의 현실이다. 여기에 ICT 솔루션을 활용하여 획기적으로 발전시킬 수 있으나, 이 역시 이러한 의료 ICT 도입을 꺼리는 이해관계자 등(주로 의사집단)의 저항이 극복해야 하는 과제로 남아있다. 이렇게 중앙 아시아지역의 보건 헬스케어 관련 미해결 과제에 ICT를 통한 솔루션을 제공하는 것이 경제협력의 대상이 될 수 있다.

네 번째는 농축산업 분야이다. 각국마다 다르기는 하지만 중앙아시아 대부분의 국가들에서 농업 및 축산업에 종사하는 인구가 약 50%이상을 차지하고 있다. 그럼에도 불구하고 여전히 재래식 농법에만 의존하고 있어 글로벌 수준의 품질 보증은 커녕, 국내 수요의 충족조차 어려워 일부 농축산물의 경우 수입에 의존하고 있는 실정이다. 농촌지역에는 도시지역에 비해 ICT 보급율이 낮아 농업 및 축산업분야의 ICT화에 걸림돌이 되고 있다. 그러나 우즈베키스탄의 경우 이처럼 낙후된 농촌지역의 ICT 인프라 발전을 위해 특별대책을 수립하는 등의 노력을 하고 있어 향후 상황이 개선될 것으로 보인다. 중앙아시아의 가장 중요한 국가전략산업임에도 불구하고 가장 낙후된 농축산 분야의 미해결 과제 또한 스마트 팜 등의 ICT 솔루션 제공을 통해 경제협력의 대상으로 삼을 수 있다.

4. 결론

우리는 지난 30년 동안 러시아·CIS 국가들을 사회주의에서 자본주의로 체제 전환한 국가라는 관점과 더불어 기대와 두려움의 시각으로 이 시장으로 바라보았다. 그러나 러시아·CIS국들과의 경제협력은 기대에 못 미치는 결과를 낳았다. 그 이유는 여러 가지가 있겠지만, 우선은 체제전환이라는 과도기의 부작용이 발생하는 시기였고, 그만큼 그 시장은 우리에게 수익성을 가져다 줄 만큼 매력적이지 못했다. 다만 국내 굴지의 기업들이 러시아나 우즈베키스탄에서 다른 나라 기업들이 도저히 감당할 수 없는 큰 리스크를 감수하고 대담한 진출성과를 이룩한 것이 그나마 매우 다행스러운 일이라 할 수 있다.

전술한 바와 같이 러시아·CIS를 인식하는 우리의 시각 역시 '블루오션'이라는 단어를 근거 없이 되풀이 하며 해당 시장에 대한 평가를 왜곡했으며, 자원과 기술/자본의 보완적 시너지라는 토대가 약한 영혼 없는 주장을 되풀이할 뿐 진출 전략 부재는 지금까지 이어져 오고 있다.

또한 한국은 일종의 푸시 마케팅(Push Marketing)에 의존한 러시아·CIS 경제협력 전략을 추진한 측면이 있다. 푸시 마케팅이란 소비자의 수요나 요구를 반영하기보다는 기업들이 자사의 브랜드나 제품을 알리기 위한 목적을 우선시하는 것을 말한다. 한마디로 고객에 대한 고려 없이 '밀어 넣는' 형태인 셈이다. 러시아·CIS에 무엇이 필요한지, 어떠한 국가적 과제가 있는지를 고민하기 보다는 한국이 잘하고 있는 분야를 고객, 여기서는 CIS국가의 니즈(needs)와 관계없이 밀어 넣으려고 시도한 것이다.

이제 싫든 좋든 4차 산업혁명의 시대이다. 러시아·CIS 지역에서도 '디지털 시대의 역설'이라는 부작용이 예상되지만, ICT는 사회주의적 '무료경제'에서 '유료경제'로 전환을 위한 매우 훌륭한 도구임에 틀림이 없다. 이제 러시아·CIS를 자본주의로의 체제 전환국 관점에서 개발도상국의 관점으로 시각을 교정할 필요가 있다. 그리고 러시아·CIS 국가들 역시 체제 전환 과정에서 필연적으로 발생하는 미해결과제들을 ICT를 통한 해결모색이 주요 경제발전전략이 되어야 하며, 한국 또한 그러한 전략방향에서 경제협력방안을 모색하는 가장 효율적인 전략이 될 것으로 보인다.

유라시아 21

제13장

4차 산업혁명과
한-러 기술협력 유망 분야

이 선 영 | (주)유라스텍

　러시아는 한국과의 기술이전 및 기술도입, 공동기술개발, 연구개발주문 등 기술협력의 주요 파트너 국가 중 하나이다. 1991년 소련의 해체 이후 러시아의 우수 기초과학기술에 대한 한국기업의 수요는 점차 증가하여 다양한 분야의 기술이 한국으로 이전되어 사업화에 성공한 바 있다.

　특히, 러시아는 물리 화학 등의 기초과학이 발달했으며, 소재 부품 장비 산업에서 연구 및 기술개발에 강점을 보유하고 있다. 항공산업과 우주산업, 방위산업과 광학 산업에 선도 기술을 보유하고 있으며, 최고급 굴절망원경의 광학계(렌즈)는 주로 러시아에서 제조되었다. 한국에서 기술사업화에 성공한 전자레인지와 공기청정기 등 다양한 제품의 제조에 활용된 원천기술이 러시아로부터 기술도입된 것은 이미 알려진 사실이다. 또한 러시아는 원자력 산업에서도 전 세계 원전시장으로의 수출 강국의 면모를 보이고 있어 한국의 많은 원자력 발전소 건설 및 장비 보급 기업들이 협력을 하고 싶어 하는 1순위 국가이기도 하다. 최근에는 자율주행자동차기술, AI기술 분야에서 두각을 나타내고 있다.

러시아는 자국의 기술을 한국에 이전하는 것을 기피하는 미국이나 일본, 유럽국가와는 달리 한국에 기술이전을 하는 데에 상대적으로 개방적인 모습을 보이는 국가이다. 소련 해체 이후 30년 동안 양국 간의 기술협력이 매우 활발하게 이루어졌다고 말할 수는 없지만 중요한 산업 곳곳에서 러시아의 기술이 한국에서 사업화에 성공하여 제품화 된 것은 부정할 수 없는 사실이다.

또한 러시아는 우리나라 신북방정책의 핵심국가이다. 신북방정책의 추진 방향 중 유라시아 서부권역에 차별화된 전략은 '역내의 기초기술 및 우리나라 응용기술을 결합한 첨단산업 협력을 강화하여 신성장 모델 창출'이 핵심 내용이다. 신북방정책의 목표에서처럼, 한국은 러시아와의 기술교류를 통해 미국, 중국, 일본에 편중된 경제 동력을 확대하고 새로운 경제성장 동력을 찾을 수 있다.

최근 전 세계적인 4차 산업혁명 및 글로벌 디지털 전환 시대의 움직임 속에서 러시아의 디지털 기술개발과 관련 산업 육성을 위한 행보에 주목해 볼 필요가 있다. 러시아가 4차산업혁명에 필수적인 디지털 전환 관련 자국 기술의 개발과 발전을 위해 얼마나 노력하고 있으며 그 수준이 어느 정도인지 파악하는 것은 한국과의 기술협력을 위한 중요한 기초 자료가 될 것이다. 우선 표1에서 나타난 최근 러시아의 경제 지표를 살펴봄으로써 기술협력 대상국으로서의 이해를 높일 수 있겠다.

2020년은 코로나19 팬데믹으로 인해 전 세계가 마이너스 경제성장률을 보인 해이다. 러시아도 예외는 아니어서 -3.1%의 경제성장률을 나타내었다. 러시아의 명목GDP는 1인당 10,082달러로 우리나라의 34,870달러에 비하면 3.45배 낮은 수치를 보이고 있으나, 그 나라의 소비여력을 알 수 있는 1인당 GDP(PPP)를 기준으로 해서 보면 1인당 27,903달러로 우리나라의 45,454달러의 1.63배 낮은 정도에 그쳤다. 정부부채를 놓고 볼 때는 러시아의 경우 부채율이 GDP의 17.8%에 그쳐 우리나라의 43.8%에 비해 매우 안정적인 수치를 보였다. 수출입 금액 면에서는 수출이 336십억 달러로 우리나라의 512십억 달러보다 적은 금액이었지만 무역수지 측면에서는 러시아가 104십억 달러로 우리나라의 45십억 달러의 2배가 넘는 것으로 나타났다. 또한 외환보유고도 442십억 달러로 안정적인 수치를 나타냈다. 이를 통해 러시아가 미국 및 유럽의 경제제재에도 불구하고 안정적인 재정 상태를 갖고 있음을 알 수 있다.

<표 1> 러시아 주요 경제 지표

경제지표	2017	2018	2019	2020	2021
경제성장률 (%)	1.6	2.3	1.3	-3.1	
명목 GDP (십억$)	1,583.2	1,564	1,686.7	1,474.1	
1인당 GDP (PPP, $)	26,006	28,764	29,175	27,903.3	
1인당 명목 GDP ($)	10,720.33	11,370.81	11,584.99	10,082.7	
정부부채 (% of GDP)	15.47	14.61	16.49	17.8	
물가상승률 (%)	3.68	2.88	4.68	4.9	
실업률 (%)	5.2	4.8	4.62	5.8	
수출액 (백만$)	353,548	444,008	422,798.32	336,394	
수입액 (백만$)	227,870.14	238,493.43	243,812.41	231,430	
무역수지 (백만$)	125,677.86	205,514.57	178,985.91	104,964	
외환 보유고 (백만$)	359,030.74	384,882.01	447,504.09	442,117.57	
이자율 (%)	7.75	7.75	6.25	5.5	
환율 (자국통화)	58.34	62.67	64.74	72.32	

출처: KOTRA 해외시장뉴스, "국가지역정보/러시아/경제현황/주요경제지표," https://news.kotra.or.kr/kotranews/index.do. (검색일: 2021.9.1).

1. 러시아 정부의 혁신기술정책

러시아는 4차산업혁명 시대에 발맞추기 위해 정부 차원에서 여러 혁신기술정책을 수립하였다. 2015년 6월에는 러시아의 경제 현대화와 혁신을 위한 정부 상임위원회에서 New Technological Initiative

로드맵의 역할을 정하고, 그의 발전과 수행을 위한 Working Group을 설정하였다.[81] 러시아가 산업별로 수립한 로드맵을 살펴보면 좀 더 구체적인 러시아의 계획과 비전을 살펴볼 수 있다. 로드맵의 종류는 산업별로 AutoNet, AeroNet, EnergyNet, NeuroNet, MariNet, SafeNet, FoodNet, FinNet 등으로 정하고, 각 분야별로 러시아의 기술달성 비전을 수립하였다.

<표 2> New Technological Initiative 로드맵

표 1.4 : New Technological Initiative

로드맵	산업명	
AutoNet	스마트카	- 스마트 시스템이 장착된 자동차 개발 - 화물과 승객운송을 위한 로봇화 장비의 국내 생산 프로모션 - 2020년까지 스마트 자동차 시장 지분 0.05%
AeroNet	무인항공기 및 시스템	- 소형 무인(원격조종) 항공기 및 시스템의 개발과 발전 - 2035년까지 관련 산업에서의 러시아의 리딩포지션 확보
EnergyNet	'스마트' 에너지 시스템을 위한 장비, 소프트웨어 가동 및 서비스 제공	- 2035년까지 세계시장에서의 관련 분야 러시아 회사들의 총 연 수익 400억 달러 목표 - 세계시장의 러시아 지분 확대
NeuroNet	사람과 기계 간의 소통 수단	- 2035년까지 경쟁력 있는 국내기업 육성 - 2035년까지 2.5%의 글로벌시장 지분 획득
MariNet	해양 '스마트' 시스템	- 세계 해양산업의 유망한 분야에서 러시아 비즈니스의 리딩포지션 확보 - E-Navigation, 해양자원탐사와 혁신적 조선업 - 세계 E-Navigation시장에서의 러시아 지분 12%
SafeNet	새 브랜드의 개인 보안 시스템	- 보안된 소통채널과 같은 다양한 보안 분야 발전, 고급 보안 기술과 애플리케이션 개발, 생체인증시스템 - 3~5%의 세계시장에서의 러시아 관련 회사 지분
FoodNet	'스마트'·자동화된 식료품 산업 솔루션(생산부터 소비까지) 및 생물공학	- 개인 맞춤형 영양공급, 게놈공학, 대체 원료 등 - 5~15%의 관련 분야 러시아 회사의 세계시장 지분 확보
FinNet	분산 재정 시스템과 개인화 재정 서비스 네트워크	- 분산원장(공유원장) 시스템, '스마트' 계약서, 'Crowd' 기술 발전 등

출처: www.nti2035.ru, www.rvc.ru, Kotra 재인용

출처: 정보통신산업진흥원(NIPA), "국가별 정보통신방송 현황 2018 - 러시아", 「글로벌ICT포털」, p.9, https://www.globalict.kr/(검색일: 2021.9.1)

---

81 정보통신산업진흥원(NIPA), "국가별 정보통신방송 현황 2018 - 러시아," 글로벌ICT포털, p.9, https://www.globalict.kr/ (검색일: 2021.09.01).

또한 러시아 정부는 "디지털 경제"를 강조하며 기술개발 및 산업 육성을 위한 정책을 수립하였는데, 이 중에서 대표적인 것은 러시아의 4차 산업혁명을 대비하는 프로그램으로 2016년 4월에 승인된 National Technological Initiative(NTI)'를 꼽을 수 있다. NTI는 2035년까지 러시아의 글로벌 기술 리더십 달성과 미래 시장을 대비하기 위한 러시아 정부의 장기프로그램으로 러시아벤처회사(RVC)가 그 책임을 맡고 있다.

RVC는 러시아 정부에서 운영하는 국영기관으로서 첨단기술 기업에 자금을 지원하는 역할을 하며, 2006년 설립해 약 512억루블(약 9415억원)의 자금을 운영하고 있다. RVC는 2007년부터 2018년까지 189개 기업에 175억루블을 투자한 것으로 알려져 있다. 이 중 28.59%가 정보기술(IT) 및 인터넷 기술·서비스 분야에 집중됐다. 의약·헬스케어 분야 투자가 25.68%로 그 뒤를 이었다.[82]

NTI 는 항공, 자동차, 해상운송, 통신, 의약, 식품, 에너지, 첨단산업, 안전 등 미래시장 9개의 '플랫폼 프로젝트'와 '엔드 투 엔드 기술' 그룹 14개를 선정하였다. '엔드 투 엔드 기술'은 시장에 가장 큰 영향을 미치게 될 핵심 과학 및 기술 그룹들로 ① 인공지능, ② 양자, ③ 신에너지원, ④ 생산기술, ⑤ 생물제어, ⑥ 신경, 가상·증강현실, ⑦ 빅데이터, ⑧ 로봇과 센서, ⑨ 감지기술, ⑩ 블록체인, ⑪ 양자통신, ⑫ 송전 및 분산 스마트그리드, ⑬ 무선기술 및 사물인터넷, ⑭ 머신러닝 및 인지 기술 등이다.[83]

---

[82] 추가영, "러, 저유가·서방제재 돌파구 찾기 부심…IT·의약 '통 큰 투자'," 한국경제 뉴스, https://www.hankyung.com/international/article/ (검색일: 2021.10.01).
[83] 김학기, "러시아의 4차 산업혁명 기술동향과 시사점," 『KIET산업경제분석』(2021), p.68.

같은 해 12월에는 '러시아연방의 과학 및 기술개발전략'이 승인되었다. 이 전략은 향후 10~15년 동안 러시아의 과학 및 기술개발 분야에서 최첨단 디지털, 지능형 제조기술, 로봇 시스템, 신소재와 설계 방법으로의 전환 필요성을 강조한 것이다. 이 전략의 주요 과제로는 ① 빅데이터, 기계 학습과 인공지능을 처리하기 위한 시스템 생성, ② 환경 친화적이고 자원 절약적인 에너지로의 전환, ③ 생산성 높고 환경 친화적인 농업과 양식업, ④ 개인 의약품, 첨단 건강 관리, 지능형 교통 및 통신시스템 생성, ⑤ 우주 및 영공, 해양, 북극 및 남극의 개발과 활용에서의 리더십 유지 등을 주요 과제로 제시하고 있다.[84]

2017년 5월에는 "2017~2030 러시아 연방 정보사회 개발 전략"이 발표되었다. 푸틴 러시아 대통령은 2018년 제4기 대통령 취임 당일에 년까지 러시아연방 발전을 위한 국가목표와 전략적 과제에 관한 대통령령'('5월 대통령령')을 공포하였다. 푸틴 집권 4기에 국가목표로 제시된 9대 국정과제 및 13개 우선사업에는 디지털 경제가 포함되어 있다. 디지털 경제 과제 수행을 위한 세부적인 전략은 ① 글로벌 경쟁력을 가진 데이터 전송, 처리, 저장 인프라 마련, ② 디지털 경제 구축을 위한 고급인력 양성, ③ 데이터 전송, 처리, 저장 등 정보보안 시스템 구축, ④ 보건, 교육, 산업, 농업, 건설 등 경제사회 우선 영역에 디지털 기술도입 문화 도입 등이다.[85]

---

84 김학기 (2021), p.69.

85 박지원, "집권 4기 푸틴 신정부 경제정책: 전망 및 시사점," p.5, https://www.kiep.go.kr/ (검색일: 2021.10.01.).

2019년 10월에는 '인공지능발전을 위한 국가전략 2030'도입한 데 이어, AI솔루션 도입 로드맵 마련, 2020년 1월 년까지의 러시아연방 전자산업의 개발전략'승인, 2020년 6월 년까지의 국가 제조업 개발전략'수립, '2035년까지 러시아연방의 에너지 전략'승인이 이루어졌다.

이러한 개발전략에서 러시아가 강조하는 것은 혁신기술과 디지털 경제로 대표되는 4차산업혁명의 중요성이다. 러시아의 산업별 디지털 기술 활용비중을 다룬 Digital Technologies in Russian Companies(2019, KPMG) 보고서의 'Usage of digital technologies on the Russian market depending on the industry'에서는 빅데이터, 챗봇, 로보틱스, OCR, AI, Iot, VR/AR, 블록체인 등의 디지털 기술들이 각 산업별로 얼마큼 활용되고 있는지를 나타내고 있다. 이 보고서에 따르면 빅데이터, 챗봇, 로보틱스 기술은 전 산업분야에서 50% 이상 활용되고 있는 것으로 나타났다. 그리고 전 산업분야에서 가장 활용도가 낮은 디지털 기술은 블록체인 기술로 나타났다. 산업별로 보면 통신과 IT분야에서 디지털 기술의 활용도가 높은 것으로 나타났는데, 특히 러시아 통신산업에서는 빅데이터, 로보틱스, IoT 기술이 각각 100% 활용되는 것으로 나타났다.

<그림 1> 러시아의 산업별 디지털 기술 활용비중

	In total	Retail	Telecommunications	Financial institutions	Metallurgy	IT	Oil and gas	Transporta
Data	68%	55%	100%	84%	67%	100%	50%	14%
bots	51%	50%	75%	60%	33%	40%	50%	29%
otics	50%	40%	100%	56%	83%	20%	50%	14%
OCR	36%	20%	25%	56%	67%	1%	50%	14%
AI	28%	5%	75%	40%	17%	80%	25%	1%
IoT	24%	15%	100%	12%	50%	20%	25%	29%
R/AR	21%	20%	25%	16%	33%	40%	25%	14%
chain	19%	20%	25%	32%	1%	20%	1%	1%

출처: KPMG, "Digital Technologies in Russian Companies," https://ict.moscow/en/research/digital-technologies-in-russian-companies/ (검색일: 2021.10.01.).

2020년 12월 벨루소프 제1부총리는 2020~2024년 기간 동안 승인된 로드맵 구현을 위해 러시아 정부가 1조 루블(약 16.6조원)을 투입한다는 계획을 발표하였다. 안드레이 레모비치 벨루소프(Андрей Рэмович Белоусов)는 1959년 3월 17일 모스크바에서 출생하였고 1981년 모스크바국립대학교를 경제전공으로 졸업하였다. 그는 2012년 경제개발부장관, 2013년 경제담당 대통령보좌관, 2020년 1월 21일 제1부총리로 임명된 러시아 경제학자이자 정치인이다.

러시아 정부의 4차산업혁명과 관련된 혁신기술 강조와 지원에 힘입어 항공산업과 무인항공기, 방위산업 등 전통적으로 강세를 보이던 분야는 물론 인공지능, 양자정보기술, 빅데이터, 무인 차량, 무인 농기계, 원격의료 등 일부 분야에서는 이미 우리보다 앞서고 있는 것으로 나타났다.

러시아 혁신산업 분야로는 로봇, 항공산업과 드론, 무인이동체, 전자부품, 컴퓨터, 마이크로프로세서, 스마트시티, 스마트공장, 블록체인 등을 꼽을 수 있다. 특히 러시아의 블록체인 기술은 이미 정치, 사회 분야에서 널리 이용되고 있는 것으로 나타났다. 최근 모스크바 시의회 선거에서도 블록체인 기술을 활용하여 실제 투표에 활용하기도 하였다.

러시아 혁신기술개발의 주요대상은 ① 인공지능 기술, ② 5G 이동통신 네트 워크 및 사물인터넷, 분산원장 기술과 같은 디지털 기술, ③ 양자기술, ④ 마이크로일렉트로닉스, ⑤ 새로운 휴대용 에너지원의 생성을 포함한 에너지 기술, ⑥ 첨단 우주 시스템과 유전자 기술 등 첨단기술이다.[86]

러시아는 전문성을 보유한 공공기관별로 국가의 기술개발파트너를 지정하여 기술개발을 위한 관련 계약을 체결하였다. 예를 들면, Sberbank와 러시아직접투자기금은 인공지능을 담당한다. 러시아 국영은행인 스베르방크는 1841년에 설립된 러시아와 동유럽 지역의 최대 은행이다, 2007년부터 게르만 그레프(Герман Оскарович Греф)가 CEO 및 이사회장을 맡고 있다, 게르만 그레프는 2000~2007년 경제무역부장관을 역임한 인물이다, 스베르방크는 "은행 이상"이 되기로 결정하고 은행업무 외에도 온라인 시네마(옥코), 음악

---

[86] 김학기, "러시아의 4차 산업혁명 기술동향과 시사점," 『KIET산업경제분석』 (2021), p.69.

(SberSound), 음식 배달(SberMarket), 클라우드 스토리지(SberDisk), 택시(시티모빌)와 같은 다양한 분야로 사업영역을 넓히는 시도를 하고 있다.

러시아직접투자기금(RDIF: Russian Direct Investment Fund)은 2011년 설립된 100억 달러의 유보 자본을 운용하는 러시아 국부 펀드이다. 2011년부터 키릴 알렉산드로비치 드미트리에프(Кирилл Александрович Дмитриев)가 CEO를 맡고 있다. 드리트리예프는 1975년 키예프에서 태어났다. 1996년 스탠포드 대학을 졸업하고 경제학 학사 학위를 받은 후 2000년에는 하버드 경영대학원에서 MBA를 받았다. 1996-1999년에는 뉴욕의 투자은행 골드만삭스와 컨설팅 회사인 맥킨지 & 컴퍼니에서 근무한 경험을 갖고 있다. 2010년에는 다보스에서 열린 세계경제포럼의 젊은 글로벌 리더 명단에 포함되었다.

Rostec은 사물인터넷, 분산 레지스터 기술, 양자센서, 마이크로일렉트로닉스 기술개발 파트너가 되었다. 로스텍(Ростех)은 러시아의 국영 복합기업으로서 무기, 항공기, 자동차, 전기와 같은 전략상 중요한 공산품의 개발과 수출을 목적으로 한 거대 국책회사이며, 로스테프놀로기아의 후신이다. 2007년에 설립되었으며 약 700개의 소(小)기업으로 구성되어 있다. 2007년부터 세르게이 체메조프(Сергей Викторович Чмезов)가 CEO를 맡고 있다.

Rostelecom은 5G 모바일 통신 네트워크의 기술개발 파트너이다. 로스텔레콤은 러시아 최대 통신기업으로 고속 인터넷 액세스 및 유료 TV 서비스 시장에서 선도적 위치를 차지하고 있다. 또 전자 정부, 사이버 보안, 데이터 센터 및 클라우드 컴퓨팅, 생체 인식, 의료, 교육, 주택 및 공동 서비스 분야 솔루션 사업을 리드하고 있다. 러시아 통신기업 로스텔레콤은 2021년 9월에 러시아 블라디보스토크에서 열린 제6차 동방경제포럼에서 대한민국의 ㈜나래트랜드와 '스마트팜 패키지 설비 구축'을 위한 상호협력 양해각서를 체결했다. 러시아 최대의 디지털 서비스 솔루션 통합 공급업체인 로스텔레콤이 한국의 스마트팜 설비구축 전문기업인 나래트랜드의 기술력을 인정하고 스마트팜 플랫폼에서 요구되는 정보통신기술(ICT) 협력에 관한 양해각서(MOU)를 체결한 것이다. 상호 양해각서 내용에 따르면 앞으로 양사는 각자 보유하고 있는 핵심역량을 결합해 ICT 기술, IoT, 스마트 센서 등 빅데이터 기반으로 한 스마트 농업개발과 관련한 프로젝트를 공동 추진하는데, 먼저 러시아에서 온실 자동제어 솔루션 인프라 구축 사업을 추진할 계획이다. 이는 정밀 농업기술 인프라 기반을 다지기 위한 기본 시스템 중 하나이다. 다음으로 양측은 데이터 처리를 이용해 농작물 개발을 평가하고 모델링하는 소프트웨어 솔루션을 개발하기로 합의했다. 데이터에서 형성된 정보 배열은 기계 학습 및 빅데이터 기술을 사용하여 예측 모델을 구축하는 데 활용된다. 이를 위해 나래트랜드는 고객과의 상호 작용, 솔루션 개발을, 로스텔레콤은 사전 판매 프로세스 조정, 솔루션 구현 참여 등을 주도하는 것으로 양사의 역할을 구체적으로 분담한 것으로 나타났다.[87]

이 밖에도 Rostatom은 양자컴퓨팅, 신소재 및 물질 기술, Rosseti는 전기 에너지 전송 기술과 분산 지능형 에너지시스템, Roskosmos

---

[87] 전명수, "나래트랜드, 러 최대 통신기업 로스텔레콤과 '스마트팜 패키지 설비구축'MOU 체결," https://www.weeklytrade.co.kr/news/ (검색일: 2021.10.01.).

는 고급 우주 시스템 분야의 기술개발을 담당하게 되었다.

2. 한-러 기술협력 유망 분야

그렇다면 이러한 디지털전환 시대를 위해 노력하는 러시아와 한국 간에 디지털전환과 관련하여 한-러 기술협력 유망분야는 어떤 분야가 될 것인지 살펴 볼 필요가 있겠다.

최근 한국과의 4차산업혁명 분야 협력 현황을 살펴보면, 정부차원과 민간차원에서의 협력활동이 다양하게 전개되고 있음을 볼 수 있다. 우선 정부차원에서는 경기도가 한·러 기업 간 자율주행 관련한 MOU를 체결(2017.9)하였고, 한-러, '혁신 플랫폼 구축·ICT 협력'업무협약이 체결(2018.06) 되었으며, 한-러 과기연구협력 거점인 한-러 혁신센터가 개소(2019.06) 하였고, 제13차 한-러 과학기술공동위원회에서 양자정보·차세대 우주망원경 개발 협력 합의(2019.05)가 이뤄지는 등 디지털 기술 분에서 다양한 협력 활동이 있었다. 또한 보건복지부가 ICT 기반 보건의료 분야의 협력을 강화(2017.9)하는 등 다양한 산업분야에서 협력활동이 이루어짐을 볼 수 있다.

기업차원에서는 KT가 러시아 1위 통신기업 MTS에 5G, AI 서비스를 소개(2019.05)하였고, KT와 어센드케어가 러시아 디지털 헬스케어 사업 진출을 위한 업무협약을 체결(2018.09)하였으며, 역시 KT가 러시아 연해주와 스마트시티 구축에 대한 협력 업무협약을 체결(2018.09)하였다. 그리고 한-러·러-한 기업협의회가 양국 간 경제관계 강화 및 확대를 위한 업무협약을 체결 (2018.09)하고, 분당서울대병원이 러시아에 병원시스템을 수출(2017.9)하는 등 역시 다양한 산업분야에서 협력이 이루어졌다.

특히 최근 관심을 끌고 있는 것은 자율주행차 개발을 위한 양국 간의 협력 사례이다. 2019년 3월 현대모비스가 얀덱스와 자율주행 협력개발을 위한 업무협약 체결을 하고, 같은 해 7월 러시아 얀덱스는 현대자동차의 신형 소나타 모델을 기반으로 현대모비스와 공동 개발한 자율주행 로보택시를 공개하였다. 2020년 3월에는 얀덱스가 9개의 센서를 장착하여 주변사물을 구별하고 목표물과의 운전자 탑승 없는 자율주행차량을 130대 이상 운행한다고 밝혔고, 같은 해 5월 얀덱스로버(Yandex.Rover) 무인배달 로봇서비스를 출시하였다고 소개하였다.

이러한 협력 추세를 바탕으로 판단해 볼 때 향후 한-러 기술협력 유망 분야는 인공지능(AI), 네트워크(5G), 빅데이터, 러시아의 국산소프트웨어개발, 광대역인터넷 등과 같은 기술이 중심을 이룰 것으로 보인다. 따라서 이를 개발하고자 하는 러시아의 니즈를 파악하여 이에 맞는 한국기업과의 기술협력을 시도해 볼 수 있다.

러시아는 원료 의존형 제조업 탈피, 수입대체, 독자개발, 자국시장 중심의 정책이 강조되고 있고, '전통시장', '신흥시장', '신흥 미래시장' 등으로 중점 개발대상 산업을 분류하고 있다. 한국의 제조업과 연계된 디지털기술과 러시아의 원천기술을 활용할 수 있는 인공지능 양자정보기술, 수소 산업, 로봇 센서, 무인 항공기, 무인 이동체, 마이크로프로세서, 블록체인 등의 기술이전 및 기술도입의 일방이 아닌 양방 간의 활발한 기술교류가 필요하다. 한국은 이동통신, 방송, 물리보안 부문에서 세계적인 수준의 기술력을 가진 것으로 조사되고 있으나, 4차 산업혁명의 핵심 소프트웨어 기술인 인공지능, 클라우드, 빅데이터, 블록체인 등 분야에서는 세계 선도국과 기술격차를 보이고 있다. 이러한 분야에서 상대적으로 강점을 갖는 러시아와의 IT 기술 협력을 한다면 양국이 윈윈할 수 있을 것으로 보인다. 실제 필드에서 만나는 많은 한국기업들 중에서 최근 러시아 AI기술 도입에 관심을 많이 보이고 있는 것도 이러한 협력추세를 반영한다고 할 수 있겠다.

3. 한-러 기술협력 활성화를 위한 정책 제언

양국 간의 기술협력을 지원하기 위한 정부 정책으로는 첫째, 2000년대에 있었던 해외기술전문인력 도입지원사업을 부활해 보면 좋겠다고 생각한다. 이를 통해 한국의 중소기업들이 필요로 하는 러시아 디지털 전문인력을 한국으로 초청하여 그들의 기술을 체험해 볼 수 있는 기회가 오길 바란다.

둘째, 한국의 기술보유기업이 러시아의 적절한 파트너를 찾을 수 있도록 정기적이고 꾸준한 기술협력에 대한 수요조사를 실시하면 좋겠다. 수요조사를 실시한 결과에 대해서는 데이터베이스화하여 이를 중소기업들이 충분히 활용할 수 있도록 하면 더욱 효과가 좋을 것이라 생각한다.

셋째, 러시아가 디지털 기술 사업화를 위해 하고 있는 정부지원 사업 중 모스크바 혁신청(MAI: Moscow Agency of Innovations)에서 진행하고 있는 사업을 벤치마킹 해 볼 수도 있다. 모스크바의 도시 인프라 시설에 혁신적인 솔루션을 제공하고자 하는 기업에게는 무료로 기술테스트를 할 수 있도록 지원하는 사업이다. 이러한 사업에 한국의 우수 기술보유기업도 신청을 하여 자격을 얻으면 혜택을 볼 수 있다.

마지막으로, 앞서 언급된 러시아 정부의 기술개발 파트너로 선정된 러시아 국영기업들과 한국의 국영기업 및 대기업 또는 정부지원기관이 관련 MOU를 맺고 중소기업과 함께 참여할 수 있는 프로젝트를 만들어서 중소기업이 러시아기업들과 함께 러시아의 디지털 전환을 위한 기술개발에 동참할 수 있도록 마련하는 시스템을 구축해나가는 것도 좋은 지원이 될 것이다. 특히 러시아직접투자기금(RDIF)의 경우 한-러 공동투자펀드를 조성하여 디지털 전환 기술을 공동 기술 개발하고자 하는 한-러 양국의 기업에 투자할 수 있는 기반이 마련되기를 희망한다.

한-러 양국 간의 기술협력이 디지털전환 시대를 맞아 더욱 활발하게 이루어져서 좋은 성과들이 도출되기를 기대해본다.

저자 소개

신 범 식
현) 서울대 정치외교학부 교수
현) (사)유라시아21 회장, 서울대 아시아연구소중앙아시아센터장
모스크바국제관계대학(MGIMO) 정치학박사
서울대러시아연구소장, 슬라브학회 총무이사, KBS객원해설위원 등 역임

장 세 호
상트페테르부르크국립대학교 정치학 박사
현) 국가안보전략연구원 연구위원
현) (사)유라시아21 부회장, 민주평화통일자문회의 상임위원, 통일부 정책자문위원, 북방경제협력위원회 전문위원, 민족화해협력범국민협의회 정책위원, 한국외대 겸임교수
전) 한국외대 러시아연구소 HK연구교수, 한국슬라브학회 연구이사·편집이사

백 주 현
현) 법무법인(유) 세종 러시아.CIS담당 고문
현) 유라시아21 부이사장
러시아 외교아카데미 역사학 박사, 주카자흐스탄 대사, 주휴스턴 영사, 국립외교원 명예교수, 동국대학 석좌교수 역임

최 재 덕
현) 원광대학교 한중정치외교연구소장(부교수)
현) 한국국제정치학회 이사, 현대중국학회 대외협력위원장, 슬라브유라시아학회 이사
성균관대 학사, 중국 북경대학 박사, 모스크바국제관계대학(MGIMO)박사과정
연세대 통일연구원 전문연구원, 대통령직속 북방경제협력위원회 전문위원 등 역임

성원용

현) 인천대 동북아국제통상학부 교수
현) (사)유라시아21 부회장, 크라스키노포럼 이사
상트페테르부르크국립대학교(SPBU) 경제학박사
한국비교경제학회 회장, 한국동북아경제학회 부회장, 북방경제협력위원회 민간위원 등 역임

서동주

현) 유라시아정책연구원(KEPI) 부원장
전) 국가안보전략연구원(INSS) 수석연구위원
연세대 대학원 정치학과 정치학박사(Ph.D)
한국국가정보학회 부회장, 한국슬라브·유라시아학회 부회장, 한국정치학회 이사, 한국국제정치학회 이사, 민주평화통일자문회의 상임위원 등 역임,

권원순

현) 한국외국어대학교 경제학부 교수
현) (사)유라시아21 부회장, 한국경제연구학회 부회장
사행산업통합감독위원, 공공기관 경영평가위원, 외교부 정책자문위원 역임

이태림

현) 국립외교원 러시아 담당 교수
현) (사)유라시아21 부회장
모스크바국제관계대학(MGIMO) 법학박사
KPMG International 러시아법인 이사, 법무법인 세종 러시아팀 선임외국변호사, 북방경제협력위원회 기획조정관 등 역임

이 대 식

현) 여시재 동북아협력실 실장
현) (사)유라시아21 부회장, 한국외국어대학교 겸임교수
서울대 노어노문학과 박사
북방경제협력위원회 전문위원, 슬라브유라시아학회 연구이사, 삼성경제연구소 수석연구원 등 역임

백 동 화

현) 법무법인(유) 세종 외국변호사(러시아)
현) (사)유라시아21 부회장
모스크바국립국제관계대학교 LLB, 모스크바국립법률대학교 LLM, 삼성전자 모스크바 법인 법무팀

김 익 준

현) 에코비스, 에코비스오리진 대표이사
현) 인하대학교 물류대학원 겸임교수
인하대학교 물류대학원 MBA, 박사
<러시아 또 다른 시작>, <까만머리>, <마음을 열자 미래가 보였다> 등 저술과 "물류기업의 화주기업 해외진출 인큐베이터 역할," "러시아 및 CIS 관세동맹에의한 국제화물운송 경로선택의 결정요인 분석" 등 논문

이 백 희

현) 이스트텔레콤 대표
현) 유라시아21 부회장

이 선 영

현) ㈜유라스텍 대표이사

현) 서울대교구가톨릭경제인회 운영위원, 서울상공회의소 성동구상공회 이사, 북방경제협력위원회 특별위원

국제지역학(고려대학교 국제대학원) 석사

(사)한국기술거래사회 사무국장, (사)한국비아이기술사업화협회 부회장 등 역임

사단법인 유라시아21

I. 비전

(사)유라시아21은 러시아를 포함한 유라시아와 한반도 관계 발전을 연구하고, 이와 관련된 각국 정책 전문가 육성 및 네트워크의 구축하며, 유라시아 각국 의회 간의 소통 증진 및 네트워크 구축하는 것을 목표로 한국 내외에서 창조적인 유라시아 정책을 형성, 홍보, 확산하는 활동을 주된 목적으로 국회 사무처에 등록된 사단법인으로 2017년 5월 창립되었습니다.

II. 목적

1. 국회 내 러시아 및 유라시아 관련 의원들의 연구모임이 거의 활성화되어 있지 않은 상황에서 러시아·유라시아에 대한 정책토론의 장을 활성화하고 이 지역에 대한 의원외교 활동을 민간 수준에서 지원한다.
2. 학계뿐 아니라 정·관계 및 재계 · 업계 등에서 오랫동안 한국의 대륙·북방 협력에 관심을 가지고 활동해 온 현장 전문가들이 참여하여 정책네트워크를 형성함으로 유라시아 진출 정책의 입안과 실현을 용이하게 만들 수 있는 플랫폼을 구축한다.
3. 유라시아 진출을 꿈꾸는 차세대를 발굴하고, 청년세대의 유라시아 진출 역량을 강화하기 위한 다양한 활동을 지원한다.

III. 주요 활동 방향

1. 유라시아 각국의 정치·경제·사회 제 분야 및 한국과의 교류 증진 방안에 대한 정책 개발 및 제안
2. 한국의 유라시아(북방 및 대륙) 관련 정책의 개발 및 한국 기업의 유라시아 진출 방안 연구 및 제안
3. 유라시아 각국 의회 간 교류 및 의원 외교의 활성화를 위한 사업 지원
4. 유라시아에 진출하였거나 진출하려는 기업들 간의 네트워크 구축 및 유라

시아 기업활동 강화를 위한 다양한 정보의 제공을 위한 세미나 및 여타 활동 조직
5. 유라시아에 대한 인식 증진 및 진출 역량을 강화하기 위한 다양한 교육 및 홍보

IV. 주요 사업

1. 연례 정책포럼
    - 대표적 정기행사로 년 1회 개최, 매년 9월말~10월초 개최
    - 법인 내 분과 토론 결과 개발된 정책의 발표
    - 정계 및 관계와 제계 인사들의 정책 토론의 장을 마련
2. 정책 세미나
    - 각 시기별 북방 관련 주요 정책이슈에 대한 토론의 장을 마련
    - 국회의원, 담당부처 관료를 비롯한 현장 전문가들의 자유로운 소통
    - 년 3~4회 개최. 필요한 경우 비공개로 개최할 수도 있음
    - 러시아 및 유라시아 관련 주요 의제 관련 전문가 강연
3. 유라시아 비즈니스 인사이트
    - 각 기업 CEO등 업게 전문가들 대상으로 유라시아 사업 관련 현안 분석 및 전문가 초청 세미나 개최
    - 매월말 조찬세미나로 모임
4. 의원 유라시아 외교 지원
    - 한-러 의원친선협회 및 한-중앙아 의원친선협회 등 의원 외교 지원
    - 국회 내 러시아, 유라시아 포럼과 정기 세미나 개최
    - 유라시아 국회의장 회의 지원, 이슈 발굴, 각종 정보 지원 등
5. 기타
    - 청년세대 및 사업가를 위한 러시아·유라시아 관련 아카데미 및 훈련프로그램 개최
    - 차세대 유라시아 연구 전문가 발굴 및 지원 사업
    - 러시아·유라시아 내 지한 전문가 발굴 및 지원 사업

유라시아를 향한 한국의 도전
유라시아 정책의 현주소와 미래비전

펴 낸 날	2022년 2월 28일 초판 1쇄
엮 은 이	(사)유라시아21
지 은 이	신범식, 장세호, 백주현, 최재덕, 성원용, 서동주, 권원순, 이태림, 이대식, 백동화, 김익준, 이백희, 이선영
펴 낸 이	이종진
펴 낸 곳	도서출판 이조 제2022-000008호(2009.3.10.) (10881) 경기도 파주시 문발로 405, 303 TEL. 02-888-9285 / 070-7799-9285 FAX. 070-4228-9285
디 자 인	정다운
제 작	디자인 엘앤제이
ISBN	979-11-87607-60-1 (93340)
정 가	20,000원
홈페이지	www.ljbooks.co.kr
페이스북	www.facebook.com/ljbooks.korea
이 메 일	ljbooks@naver.com

도서출판 이조

ⓒ 신범식, 장세호, 백주현, 최재덕, 성원용, 서동주, 권원순, 이태림, 이대식, 백동화, 김익준, 이백희, 이선영,
  (사)유라시아21, 도서출판 이조. 2022

사전 동의 없는 무단 전재 및 복제를 금합니다.
잘못 만들어진 책은 바꾸어 드립니다.